학생, 학부모,
선생님을 위한 쉽게
이해되는
인공지능
교과서

KB081673

아티오
ArtStudio

2018년부터 소프트웨어 교육이 초·중·고등학교에 도입되기 시작했습니다. 도입 초기에는 많은 시행착오와 혼란이 있었지만, 각 분야에 열정과 능력 있는 분들이 노력해주신 결과 학교에는 소프트웨어 교육이 안정적으로 정착할 수 있었고 이와 관련한 다양한 교육활동을 할 수 있었습니다. 그 결과, 학생들은 컴퓨팅 사고력을 갖추고 미래 사회를 위한 창의·융합적 인재로 성장하기 시작했습니다.

그리고 2021년 고등학교부터 인공지능 교육이 도입되기 시작합니다. 또한, 2022년 개정 교육과정에는 인공지능 교육이 도입될 예정입니다. '감성적 창조 인재', '초개인화 학습환경 조성', '따뜻한 지능화 정책'을 방향으로 시대의 흐름에 발맞춰 학생들의 미래 역량을 한층 더 키워줄 수 있을 기회입니다.

이렇듯 앞으로 다가올 인공지능 시대에 '쉽게 이해되는 인공지능 교과서'는 선생님을 비롯한 학생, 학부모에게 인공지능에 관해 설명해주는 친절한 길라잡이가 될 것입니다.

이 책은 별다른 준비 없이도 책에 수록된 내용을 바탕으로 언플러그드 활동을 통해 재미있게 인공지능을 이해할 수 있습니다. 그리고 우리 주변에서 발견할 수 있는 내용을 바탕으로 다양한 체험을 통해 인공지능의 활용을 발견할 수 있습니다. 마지막으로 인공지능의 이해와 활용을 종합하여 코딩을 바탕으로 일상생활 속 발생할 수 있는 문제를 인공지능을 통해 해결할 수 있는 문제해결 능력까지 기를 수 있습니다.

또한, 책의 각 섹션들은 독자의 흥미와 관심을 가지는 주제로 구성되어 있어 몰입감 있는 학습이 가능합니다. 저학년의 학생도 쉽게 따라 할 수 있도록 단계별로 자세히 설명되어 있고 각 섹션의 끝에는 질문과 확인 문제를 통해 배운 내용을 정리하고 한 번 더 이해할 수 있습니다.

학교에서 또는 가정에서 우리 학생들과 자녀들에게 인공지능에 대해 쉽고 재미있게 교육하고 알려주고 싶으신 분들이라면 '쉽게 이해되는 인공지능 교과서'가 좋은 선택이 될 것입니다.

초등컴퓨팅교사협회(ATC) 회장 **강성현**

우리는 4차 산업혁명 시대에 살고 있습니다. 인공지능, 빅데이터, 사물인터넷과 같은 용어로 대표되는 4차 산업혁명은 우리의 삶을 빠른 속도로 변화시키고 있습니다. 연일 방송, 신문 등 매스컴에서는 4차 산업혁명 관련 새로운 기술과 제품을 소개하고 편리함을 말해주고 있습니다. 공상과학 소설에서나 볼 법한, 자동차가 스스로 운전하는 '자율주행 자동차', 스스로 판단하여 바둑을 두는 '알파고' 등은 이미 어느덧 우리의 일상생활 속에 자리를 잡아 가고 있습니다.

특히, 최근 4차 산업혁명의 기술 중 주목받는 것을 꼽으라고 하면 '인공지능(AI)'이라고 할 수 있습니다. 내 목소리를 인식하여 원하는 내용을 수행하는 스마트폰의 인공지능 비서, 나의 관심사와 성향을 분석하여 적합한 영상 및 제품을 추천하는 인공지능 서비스 등 이미 우리는 알게 모르게 인공지능의 영향을 받으며 살아가고 있습니다.

정부를 비롯한 각국의 나라에서는 인공지능 기술을 단순한 신기술이 아닌 산업·사회 구조의 광범위한 변화를 불러오는 혁신 기술로 여기고 국민 삶의 질과 국가 경쟁력 강화를 위한 4차 산업혁명을 이끌 핵심동력으로 판단하고 있습니다. 이를 위해 우리나라는 '인공지능(AI) 국가전략'을 발표하고 '세계를 선도하는 인공지능 생태계 구축', '인공지능을 가장 잘 활용하는 나라', '사람 중심의 인공지능 구현'을 목표로 다양한 계획을 수립·시행하고 있습니다.

이에 발맞춰 교육계에서는 2022년 개정 교육과정에서 인공지능 시대에 필요한 핵심역량을 반영하고 '정보 교육 종합 계획'을 통해 인공지능 수업을 도입하여 미래 지능정보사회의 발전을 선도하는 세계적인 인재를 양성하는 것을 목표로 하였습니다.

이러한 시대의 흐름에 따라 이 책은 평소 인공지능에 관심과 흥미는 있었지만, 막연하고 어려워 공부를 시작하지 못했던 분들을 위해 만들었습니다. 또한, 우리 자녀와 학생들에게 인공지능을 제대로 가르치고 싶지만 정확한 내용을 몰라 어려움을 겪는 학부모, 선생님들과 인공지능의 매력에 빠져 스스로 공부하고 싶은 학생들에게도 큰 도움이 될 것으로 기대합니다.

이 책을 쓰신 분들은 초등학교에서 학생들을 가르치는 선생님입니다. 누구보다 인공지능에 대한 관심과 열정이 많고 초등학생들에게 인공지능을 어떻게 가르칠 것인지를 매일 고민하며 공부하고 있습니다. 이러한 열정과 고민의 결과로 나온 이 책은 인공지능 기술이 적용된 제품, 사이트, 서비스를 체험하는 것부터 인공지능의 원리를 언플러그드 활동으로 이해하고 생활 속 다양한 문제를 인공지능을 활용하여 해결하는 코딩을 해보는 것까지 인공지능을 보다 쉽게 접근할 수 있도록 구성되어 있습니다. 특히, 비지도학습, KNN, CNN 등 복잡하고 어려운 인공지능의 용어들과 과정을 재미있는 활동으로 이해하고 설명하기 위해 노력했습니다.

이 책을 통해 앞으로 여러분이 인공지능이란 특별한 사람들만이 사용하는 어렵고 복잡한 기술이 아니라 모두의 일상생활에 도움을 주고 편리함을 선사하는 유용한 기술이라는 것을 알게 되었으면 좋겠습니다. 그리고 이를 통해 더욱더 많은 사람이 인공지능과 함께하는 삶이 되기를 바랍니다.

차
례

3부
엔트리 인공지능(AI) 프로그래밍

01 인공지능(AI) 스피커는 어떻게 나를 도와줄까?

＊ 구글 어시스턴트(Google Assistant)를 이용하여 인공지능(AI) 스피커를 체험할 수 있습니다.

＊ 인공지능(AI) 스피커로 어떤 일을 할 수 있는지 살펴보고, 원리에 대해 간단히 알아봅니다.

오후 6시에 장보기 알람 설정해 줘

알람이 설정되었습니다.

쇼핑 목록에 우유 추가해 줘

네, 쇼핑 리스트에 우유 항목을 추가하였습니다.

Google Assistant

인터넷에 연결된 스마트폰	Google 계정	학습지

참고 사이트 - assistant.google.com/intl/ko_kr/

오늘의 인공지능(AI)

Google Assistant

구글 어시스턴트(Google Assistant)는 구글 AI 프로그램으로 인공지능(AI) 비서 서비스입니다. 스마트폰과 주변기기를 활용하여 사용자와의 상호작용을 통해 문자 보내기, 알람 설정 등의 다양한 활동을 수행할 수 있습니다.

활동안내

활동시간 : 15분 ~ 25분

관련교과 : 실과 기술 활동 영역, 창의적 체험 활동 영역

활동방법

* 구글 어시스턴트를 이용하여 인공지능(AI) 스피커와 상호작용하여 봅시다.

* 점점 더 구체적인 명령을 실행하면서 인공지능(AI) 스피커를 어떻게 잘 활용할 수 있을지 생각해봅시다.

Google 어시스턴트
Google LLC

설치

❶ Google 어시스턴트 설치하기

❷ 내 목소리 등록하기

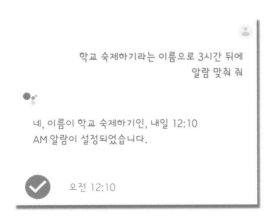

❸ 명령을 구체적으로, 다양하게 실행하기

❹ Google 어시스턴트로 할 수 있는 다양한 활동 실행하고 찾아보기

인공지능(AI) 체험활동 Google Assistant 설치

1 스마트폰을 인터넷에 연결시키고 'Google 어시스턴트'를 설치합니다.

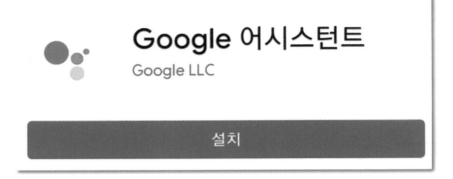

Google 어시스턴트
Google LLC

설치

AI EDU TIP

Google

Google 계정 만들기

성 [|]   이름

사용자 이름   @gmail.com

< 애플리케이션 정보   ⋮

G

Google

사용 안함

사용   강제 중지

'Google 어시스턴트'를 설치하기 위해서는 구글 계정이 필요합니다. 스마트폰 및 여러 애플리케이션의 원활한 사용을 위해서는 구글 계정이 필요하니 가입해두도록 합시다.

https://accounts.google.com/signup

만약 'Google 어시스턴트'를 실행시킬 수 없다는 문구가 뜬다면, [설정]-[애플리케이션 관리]-[Google]에 들어가서 '사용' 버튼을 누릅니다.

2 설치한 'Google 어시스턴트'를 실행하면 추천 명령어가 뜹니다. 간단한 명령을 실행해봅시다.
㉠ "셀카 찍어 줘", "음악 틀어 줘", "내가 찍은 사진 보여 줘" 등

3 명령을 한 번 실행시키면 다음 실행부터는 'Google 어시스턴트' 시작 화면이 다음과 같이 바뀌게 됩니다. "더 많은 어시스턴트 기능을 이용해 보세요."의 '시작하기'를 눌러봅시다.

4 [계속] 및 [다음] 버튼을 눌러 순서대로 진행한 후 Voice Match 사용 동의를 눌러 Google 어시스턴트가 내 음성을 인식하도록 합니다.

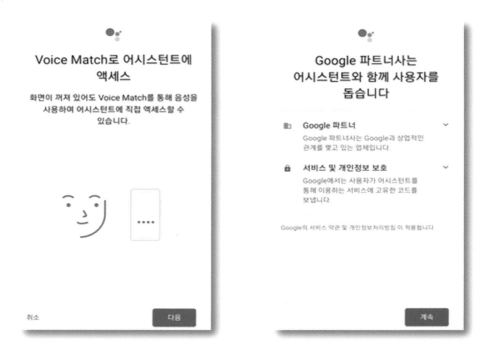

5 "OK Google (오케이 구글)" 과 "Hey Google (헤이 구글)"을 여러 번 말해봅시다. Google 어시스턴트가 사용자의 목소리를 인식하고 있습니다.

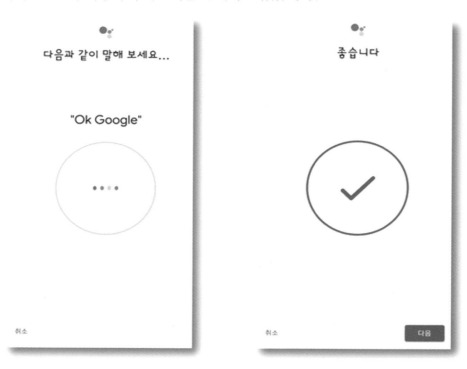

6 이제 화면이 꺼져 있는 상태에서 "OK, Google(오케이 구글)" 또는 "Hey, Google(헤이 구글)"
이라고 말하면 어시스턴트를 실행할 수 있습니다.

7 다른 친구가 나의 스마트폰에 "오케이 구글" 또는 "헤이 구글"이라고 말해봅시다.
Google 어시스턴트는 친구의 목소리에 반응할까요? 또는 나의 목소리에만 반응할까요?

Google Assistant 활동

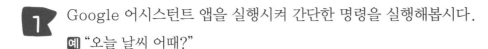

1 Google 어시스턴트 앱을 실행시켜 간단한 명령을 실행해봅시다.

예 "오늘 날씨 어때?"

오늘 날씨 어때

다음을 확인해 보세요

현재
24°C

대체로 흐림
목요일 · 파호동
최고: 29° 최저: 19° 강수: 10%

25°	24°	23°	22°	22°
4%	4%	5%	5%	5%
오후 9:00	오후 10:00	오후 11:00	오전 12:00	오전 1:00

weather.com

2 명령을 구체적으로 발전시키며 실행해봅시다.

예 "알람 맞춰 줘" → "3시간 뒤에 알람 맞춰 줘" → "'학교 숙제하기'라는 이름으로 3시간 뒤에 알람 맞춰 줘"

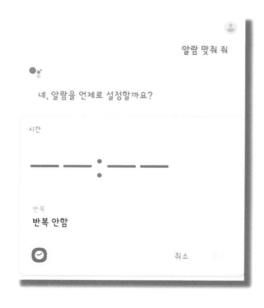

알람 맞춰 줘

네, 알람을 언제로 설정할까요?

시간

반복
반복 안함

취소

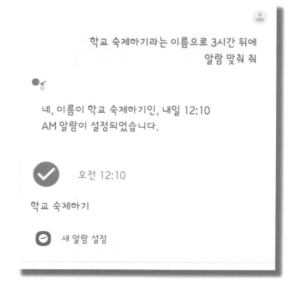

학교 숙제하기라는 이름으로 3시간 뒤에
알람 맞춰 줘

네, 이름이 학교 숙제하기인, 내일 12:10
AM 알람이 설정되었습니다.

✓ 오전 12:10

학교 숙제하기

🕐 새 알람 설정

3 뜻이 중의적이지 않고 명확한 문장의 표현을 다양하게 바꾸어가며 명령을 실행해봅시다.

예 "오늘 서울 날씨 어때?" "오늘 서울 날씨 말해줘." "지금 서울 날씨는 맑니?" 등

4 궁금한 것을 Google 어시스턴트에게 물어봅시다.
"사과 한 개의 칼로리는 얼마야?"

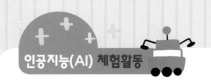
5 Google 어시스턴트의 통역 모드를 실행하여 다양한 나라의 말을 공부해봅시다.
"통역 시작해줘" 또는 "영어 통역 시작해줘" → 원하는 언어 선택 → 원하는 문장 말하기
예 "When is your birthday?" 또는 "생일이 언제니?"

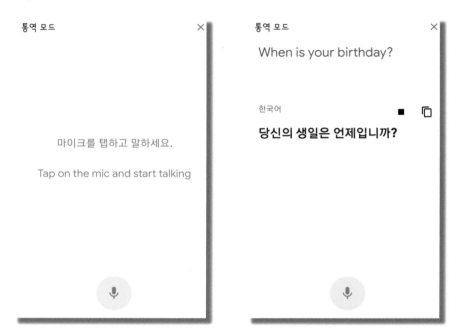

6 Google 어시스턴트의 다양한 퀴즈를 통해 여러 가지 공부를 해봅시다.
곱셈 공부 → "'곱셈 시험'한테 말하기"
여러 가지 퀴즈 → "'재미 재미난 퀴즈'한테 말하기" "'퀴즈 대한민국'과 말하기"

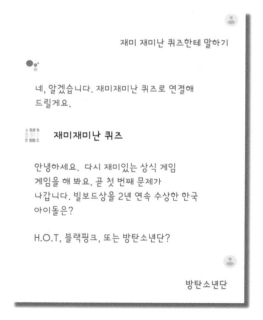

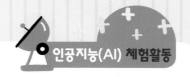

7 Google 어시스턴트와 자유로운 대화를 나누어봅시다.
예 "너는 학교 어디 나왔어?" "재밌는 얘기 해 줘."

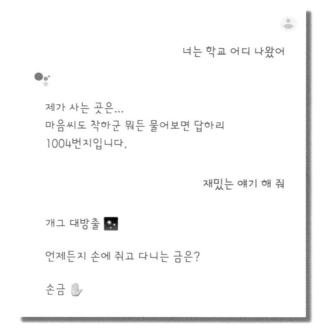

8 구글 Assistant 홈페이지에 접속하여 할 수 있는 다른 작업들을 더 살펴봅시다.
https://assistant.google.com/explore?hl=ko-KR

Q. 인공지능(AI) 스피커는 어떻게 나의 목소리에만 반응할 수 있을까요?

소리는 공기의 떨림, 즉 진동이 전해져 나타나는 현상입니다. 소리가 1초간 진동하는 횟수(진동수)에 따라 음의 높낮이가 결정되고, 진동의 크기(진폭)에 따라 소리의 크기가 달라집니다. 목소리를 포함한 우리 주위의 다양한 소리는 이렇게 고유한 진동수와 진폭을 가진 파동이 여러 개 중첩되어 나타나는 현상입니다. 사람의 목소리가 다르듯이 파동의 모양도 제각각입니다.

컴퓨터는 이렇게 중첩되어 나타난 파동 속에서, 그 소리의 특징을 가장 잘 드러내는 파동을 찾아내고, 목소리의 '스펙트럼'을 그립니다. 목소리의 스펙트럼은 사람마다 다른 모양을 가지기 때문에 인공지능(AI) 스피커는 소리의 스펙트럼과 언어를 연결시켜 나의 목소리에 반응하는 것입니다.

Q. 인공지능(AI) 스피커가 나의 명령을 실행하는 원리는 무엇일까요?

내가 명령을 실행하면 인공지능(AI)이 대화의 중요 내용을 제어하고 주변 정보를 확인합니다. 인터넷을 사용할 수 있는지, 인공지능(AI)이 어떤 사물 및 애플리케이션과 연결되어있는지를 파악한 후 명령에 활용 가능한 사물 또는 앱과 연결하여 문제를 해결합니다.

예를 들어 "날씨 어때?"라는 명령의 중요 단어는 [날씨]입니다. [날씨]라는 명령을 들었을 때, 인공지능(AI) 스피커와 연결된 인터넷의 날씨 정보를 불러오도록 조직되어 있습니다. 이러한 과정을 거쳐 출력 장치인 스피커나 화면을 통해 사용자에게 불러온 정보를 전달하는 것입니다.

	Google 어시스턴트 Google LLC	assistant.google.com/intl/ko_kr 인터넷 주소	QR코드로 바로가기

Q. Google 어시스턴트에서 어떤 인식 기능을 가장 많이 이용하는지 보기에서 찾아 적어봅시다.

보기 음성, 이미지, 글자, 얼굴

[   ] 인식

Q. Google 어시스턴트로 할 수 있는 활동으로는 어떤 것들이 있나요?

Q. 인공지능(AI) 스피커는 어떻게 나의 목소리에만 반응할 수 있을까요?

Q. 인공지능(AI) 스피커가 나의 명령을 실행하는 원리는 무엇일까요?

◆ Section ◆

02 인공지능(AI)은 어떻게 내 그림을 알까?

✻ Quick draw를 이용하면서 인공지능(AI)을 체험할 수 있습니다.

✻ 컴퓨터가 사람의 그림을 예측할 때 기존의 데이터가 중요한 역할을 한다는 것을 알 수 있습니다.

인터넷에 연결된 컴퓨터	학습지
활용 사이트 – http://quickdraw.withgoogle.com	

Preview 이렇게 활동해 봅시다.

오늘의 인공지능(AI)

QUICK, DRAW!

퀵 드로우(QUICK, DRAW)는 구글 AI 프로그램으로 20초 동안 제시된 단어를 그리도록 한 다음, 컴퓨터가 맞추는 게임과 같은 프로그램입니다.

이때 컴퓨터는 기존에 축적된 데이터를 바탕으로 사람이 그린 그림을 추측하고 맞추게 됩니다.

활동안내

활동시간 : 30분 ~ 40분
관련교과 : 미술 표현 영역

활동방법

* 퀵 드로우를 이용하여 그림 인공지능(AI)과 함께 그림 맞추기 활동을 해봅시다. 여러 번 반복하면서 어떻게 인공지능(AI)이 내가 그린 그림을 알아맞히는지 생각해 봅시다.

❶ 단어 확인하기

❷ 그림 그리고 맞추기

❸ 결과 확인하기

❹ 데이터 수집 및 활용 이해하기

19

인공지능(AI) 체험활동 | Quick draw 프로그램

1 컴퓨터를 실행시켜 'quickdraw'를 검색하거나 인터넷 주소창에 quickdraw.withgoogle. com를 입력하여 quickdraw 사이트에 접속해 봅시다.

AI EDU TIP

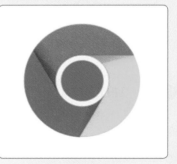

앞으로 활용하는 다양한 인터넷 사이트는 구글 크롬을 이용하면 보다 원활하게 이용할 수 있습니다.

[구글 크롬 다운로드]
https://www.google.com/chrome/

만약 quickdraw 사이트가 영어로 나오면 한국어로 바꾸어 사용할 수 있습니다.

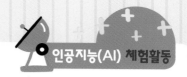
2 [시작하기]를 누르면 다음과 같이 그려야 하는 대상의 이름이 나오고 20초 내로 그림을 그리도록 안내가 됩니다. [알겠어요]를 누르면 마우스나 터치패드를 이용하여 그림을 그릴 수 있습니다.

3 그림을 그리면 인공지능(AI)이 실시간으로 그림을 예측합니다. 만약 제시된 단어의 그림으로 인식하게 되면 다음 문제를 제시합니다.

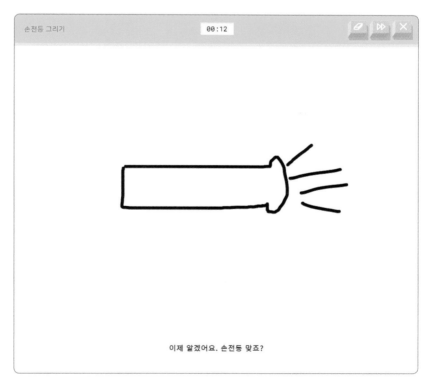

4 총 6개의 그림 문제를 해결한 뒤 몇 개의 그림을 맞추었는지 확인할 수 있습니다.

5 이때 컴퓨터가 맞추지 못한 그림(손전등)의 경우 인공지능(AI)이 무엇으로 인식하였는지 확인할 수 있습니다.

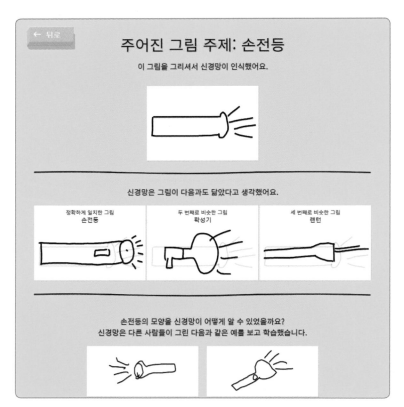

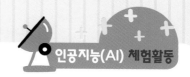

6 그리고 인공지능(AI)이 어떤 데이터를 바탕으로 손전등 그림을 인식하는지 확인할 수 있습니다.

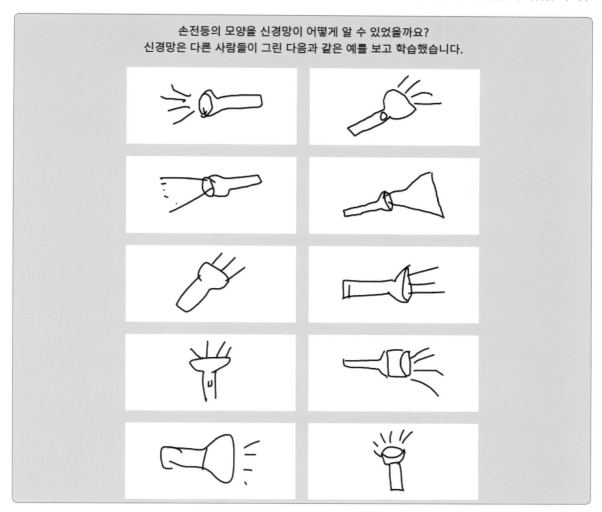

손전등의 모양을 신경망이 어떻게 알 수 있었을까요?
신경망은 다른 사람들이 그린 다음과 같은 예를 보고 학습했습니다.

인공지능(AI) 이해하기 어떻게 내 그림을 알까?

Q. 퀵드로우 프로그램에서는 인공지능(AI)의 어떤 인식 기능을 이용하였을까요?

퀵드로우에서는 인공지능(AI) 기술 중 이미지인식 기술을 이용하여 사람들의 그림을 구분하고 예측합니다.

Q. 퀵드로우 프로그램은 내가 그린 그림을 어떻게 예측하고 알아 맞혔을까요?

퀵드로우의 인공지능(AI) 기술은 문제로 제시된 단어에 대하여 기존에 사람들이 그린 그림을 바탕으로 예측합니다.

컴퓨터가 보다 정확하게 예측하기 위해서는 기존에 사람들이 그린 그림, 즉 그림 데이터가 많아야 합니다.

퀵드로우는 게임의 형태로 많은 사람들의 그림 데이터를 수집하고, 그렇게 수집된 데이터를 바탕으로 새롭게 그려지는 그림들을 판단하게 됩니다.

Q. 내가 그린 그림 데이터는 어떻게 활용 될까요?

내가 그린 데이터는 컴퓨터의 판단 대상이 되는 동시에 제시된 단어의 데이터로 활용되기도 합니다. 예를 들면 내가 그린 야구 방망이 그림은 컴퓨터가 맞혔든 맞히지 못했든 다음 번에 다른 사람의 야구 방망이 그림을 예측하는데 활용될 수 있습니다. 또한 이러한 퀵드로우의 많은 데이터는 오토드로우와 같이 사람들의 손그림을 인식해서 그림을 완성해주는 프로그램에 이용되기도 합니다.

인공지능(AI)
Level up 어떻게 내 그림을 알까?

오늘의 인공지능

QUICK, DRAW!

quickdraw.withgoogle.com

인터넷 주소

QR코드로 바로가기

Q. 퀵드로우 프로그램에서는 인공지능(AI)의 어떤 인식 기능을 이용하였는지 보기에서 찾아 적어봅시다.

보기　음성, 이미지, 글자, 얼굴

[　　　] 인식

Q. 퀵드로우 프로그램은 내가 그린 그림을 어떻게 예측하고 알아 맞혔을까요?

Q. 내가 그린 그림은 인공지능(AI) 기술에 어떻게 활용 될까요?

03 인공지능(AI)은 어떻게 그림을 추천할까?

* 오토드로우(Autodraw)를 이용하면서 인공지능(AI)을 체험할 수 있습니다.

* 컴퓨터가 사람의 그림을 예측, 추천할 때 기존의 데이터가 중요한 역할을 한다는 것을 알 수 있습니다.

AutoDraw

Fast drawing for everyone.

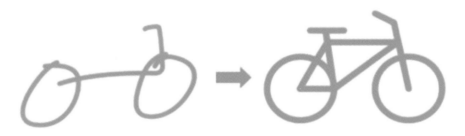

내가 그린 그림　　　　　인공지능(AI)이 추천한 그림

인터넷에 연결된 컴퓨터	학습지
활용 사이트 - http://www.autodraw.com	

Preview 이렇게 활동해 봅시다. ★

오늘의 인공지능(AI)

AutoDraw
Fast drawing for everyone.

오토드로우(Autodraw)는 구글 AI 프로그램으로, 사람이 정확하게 그리지 않은 그림을 보고 무엇을 그리려하는지 예측하여 정교한 그림을 추천해줍니다. 이때 컴퓨터는 기존에 축적된 데이터를 바탕으로 사람이 그린 그림을 추측하고 추천하게 됩니다.

활동안내

활동시간 : 30분 ~ 40분
관련교과 : 미술 표현 영역

활동방법

* 오토드로우를 이용하여 그림 그리기 활동을 해봅시다. 그림을 그리면서 어떻게 인공지능(AI)이 내가 그리려는 그림을 판단하고 원하는 그림을 추천하는지 생각해 봅시다.

❶ 그림 그리기

❷ 추천 그림 중 원하는 것 선택하기

❸ 그림 수정하기

❹ 다운로드 또는 공유하기

인공지능(AI) 체험활동 Auto draw 프로그램

1 컴퓨터를 실행시켜 '오토드로우' 또는 'autodraw'를 검색하거나 인터넷 주소창에 autodraw. com을 입력하여 autodraw 사이트에 접속합니다.

2 [Start Drawing]을 클릭하면 흰 화면과 여러 가지 그리기 도구가 나옵니다. 마우스를 이용해 그림을 그릴 수 있습니다.

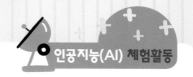

3 ✎ 를 선택한 후 마우스로 그림을 그리면 인공지능(AI)이 그림을 분석하고 무엇인지 예측하여 정교한 그림을 추천합니다. 그림을 여러 번 그리면서 인공지능(AI)이 어떤 그림을 추천하는지 살펴봅시다.

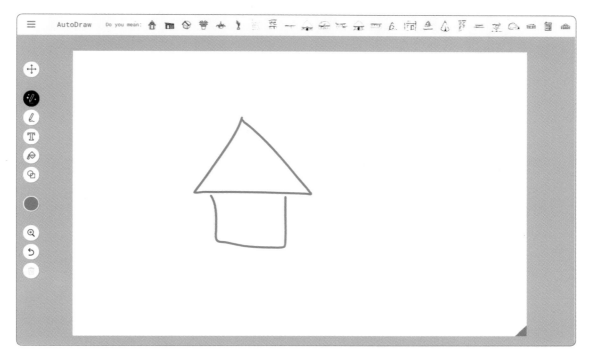

4 추천 그림 중 원하는 것을 클릭하면 내가 그린 그림이 추천 그림으로 바뀝니다.

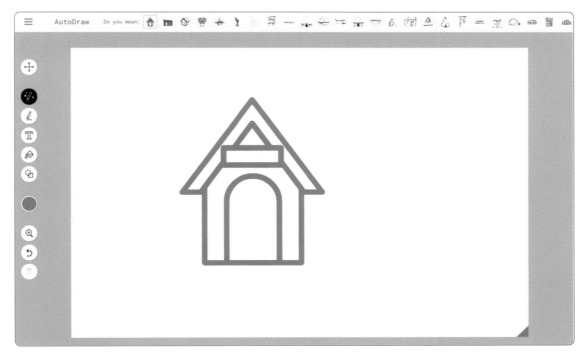

5 ✎ 직접 그리기, 𝕋 문자 입력, 🖌 색 채우기, ⊕ 도형 그리기, ⬤ 색 바꾸기 등을 이용하여 그림을 보강합니다.

6 지우고 싶은 부분이 있다면 ✛ 를 선택, 지우고 싶은 부분을 클릭 후 🗑 을 선택하여 삭제할 수 있습니다.

7 작품을 완성했다면 ≡을 클릭하여 다운로드 혹은 링크 공유를 할 수 있습니다. ⬜의 종이를 클릭하면 새 종이에 다시 그릴 수 있습니다.

AI EDU TIP

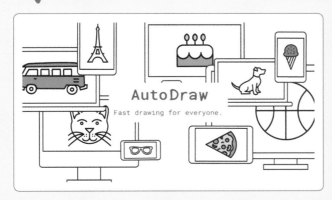

오토드로우는 같은 대상을 묘사하는 그림이라도 여러 아티스트들의 그림을 추천합니다. 내가 그린 그림을 오토드로우에 추가할 수도 있습니다.

[오토드로우에 내 그림 추가하기]

http://gg.gg/Auto-Draw

인공지능(AI) 이해하기 어떻게 그림을 추천할까?

Q. 오토드로우 프로그램은 어떻게 내가 그리려는 그림을 예측했을까요?

퀵드로우 프로그램을 통해 이미 수집한 데이터와 오토드로우에서 사람들이 그린 그림을 바탕으로 내가 무엇을 그리는지 예측합니다.

Q. 오토드로우 프로그램은 어떤 그림을 추천할까요?

오토드로우의 인공지능(AI) 기술은 사람들이 그리려는 그림을 예측하여 여러 그림을 추천합니다.
여러 추천 그림 중 내가 그리려던 대상은 왼쪽에 있는 경우가 많습니다. 비슷한 그림을 그린 다른 사람들이 많이 선택한 그림을 우선적으로 추천하기 때문입니다.

Q. 내가 그린 그림은 어떻게 활용 될까요?

내가 그린 그림은 컴퓨터의 판단 대상이 되는 동시에 다른 사람들에게 그림 추천을 위한 데이터로 활용됩니다. 예를 들어 내가 삼각형과 사각형을 이용해 집을 그리고 세 번째 추천 그림을 선택했다면 다른 사람이 비슷한 그림을 그릴 때 인공지능(AI)은 그 그림을 집으로 인식하고 세 번째 그림을 우선적으로 추천합니다.

오토드로우에서 수집된 사람들의 그림 그리기 데이터는 앞으로 다양하게 활용될 수 있습니다. 지금처럼 간단히 그린 그림을 정교하게 바꿔주는 것에서부터 어린이들이 그림에 흥미를 가질 수 있는 놀이나 학습 분야, 또는 몸이 불편한 사람들이 보다 편리하게 의사소통하도록 하는데 도움을 주는 기술에 활용될 수도 있습니다.

오늘의
인공지능

AutoDraw Fast drawing for everyone.	autodraw.com 인터넷 주소	QR코드로 바로가기

Q. 오토드로우가 그림판 프로그램과 다른 점은 무엇인가요?

내가 그린 그림   추천그림 1   추천그림 2

Q. 오토드로우가 내가 그린 그림을 보고 오른쪽 두 그림을 추천한 이유는 무엇일까요?

Q. 추천그림 1을 추천그림 2보다 우선적으로 추천한 이유는 무엇일까요?

Q. 인공지능(AI)의 도움을 받아 무엇을 해보고 싶은지 적어봅시다.
예 노래를 할 때 음정을 보정해주는 인공지능(AI)을 이용해 멋진 노래를 하고 싶다 등

Section 04

인공지능(AI)은 어떻게 내 동작을 알까?

＊ 구글 AI Experiments에서 제공하는 프로그램인 세미컨덕터(Semi-Conductor)와 키보드
(Keyboard)를 이용하여 동작을 통한 재미있는 활동을 해봅시다.

＊ 여러 번 반복하면서 어떻게 인공지능(AI)이 나의 동작을 이해하는지 생각해 봅시다.

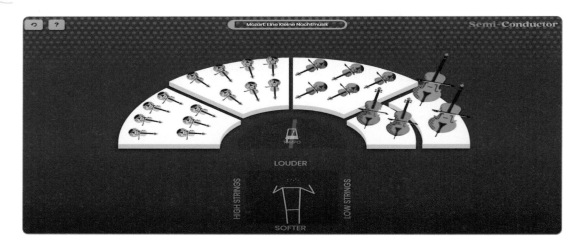

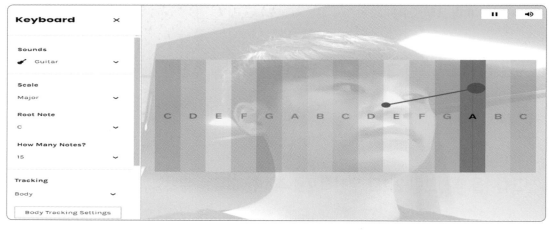

인터넷에 연결된 컴퓨터	웹캠	학습지

활용 사이트 - https://semiconductor.withgoogle.com
https://creatability.withgoogle.com/keyboard/

오늘의 인공지능(AI)

Semi-Conductor

Keyboard

구글 AI Experiments에서 제공하는 세미컨덕터는 자신만의 오케스트라를 지휘할 수 있는 사이트입니다. 지휘자가 되어 팔을 움직이며 음악의 템포, 볼륨, 악기를 바꾸며 악기를 지휘할 수 있습니다. 그리고 키보드는 내 신체를 인식하여 신체를 통해 다양한 악기를 연주할 수 있습니다.

활동안내

활동시간 : 30분 ~ 40분

관련교과 : 음악 감상 영역, 체육 표현 영역

활동방법

* 신체를 활용한 오케스트라 지휘를 통해 음악이 주는 즐거운 경험을 체험하고 신체를 인식하여 악기를 연주하는 활동으로 인공지능(AI)을 체험해 봅시다.

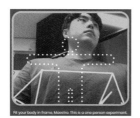

❶ 몸 인식하기

❷ 동작에 따라 다양하게 반응하는 오케스트라 체험하기

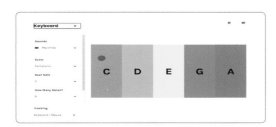

❸ 키보드, 마우스로 연주하기

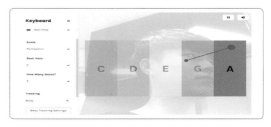

❹ 신체를 사용하여 연주하기

❺ 다양한 신체 부위 설정하기

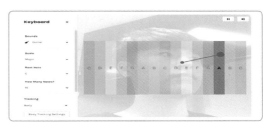

❻ 다양한 악기를 음정에 따라 연주하기

35

Semi-conductor & Keyboard 프로그램

1 크롬 브라우저를 실행한 후 인터넷 주소창에 https://semiconductor.withgoogle.com/를 입력하여 semi-conductor 사이트에 접속해 봅시다.

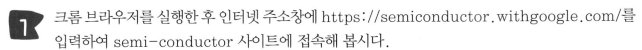

2 나의 동작에 따른 다양한 기능을 애니메이션으로 확인합니다.

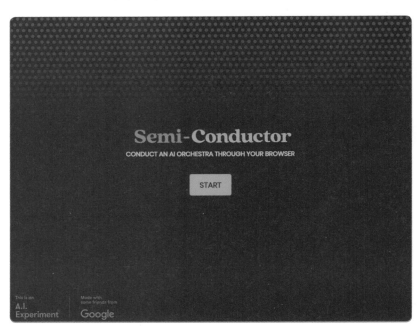

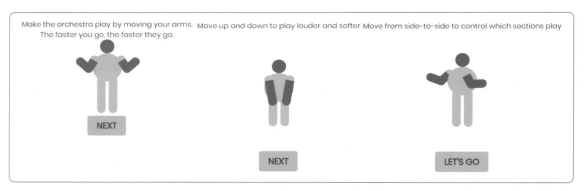

AI EDU TIP

팔을 좌우로 빨리 흔들수록 오케스트라가 빠르게 연주합니다. 위아래로 팔을 흔들면 소리를 크고 작게 조절할 수 있습니다. 그리고 팔을 왼쪽, 오른쪽으로 이동하면 각 구역별로 악기를 조절할 수 있습니다.

3 인공지능(AI)이 여러분의 동작을 올바르게 인식하기 위해 점선으로 되어 있는 사람 모형에 맞춰 동작을 취합니다.

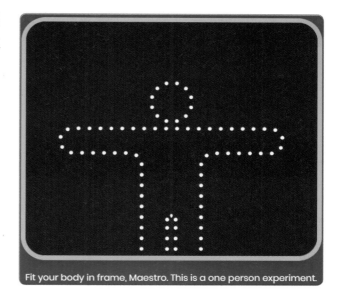

Fit your body in frame, Maestro. This is a one person experiment.

4 인공지능(AI)이 인식을 완료하면 지휘할 수 있는 화면으로 전환되고, 여러분의 동작에 따라 음악을 다양한 방법으로 지휘할 수 있습니다.

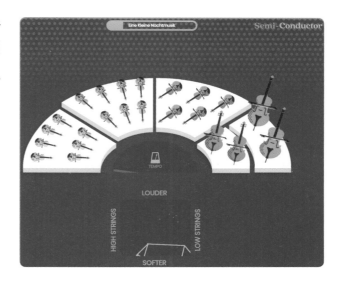

5 이번에는 'creatability key-board'를 검색하거나 인터넷 주소창에 https://creatability.withgoogle.com/keyboard/를 입력하여 keyboard 사이트에 접속해 봅시다. Start Playing을 클릭하면 악기를 연주할 수 있는 사이트로 이동합니다.

6 keyboard는 인공지능(AI)이 여러분의 신체를 인식하고 신체로 악기를 연주할 수 있는 사이트입니다. 처음 화면에서는 마우스를 사용하여 악기를 연주할 수 있습니다. 마우스를 클릭하여 악기를 연주해 봅시다.

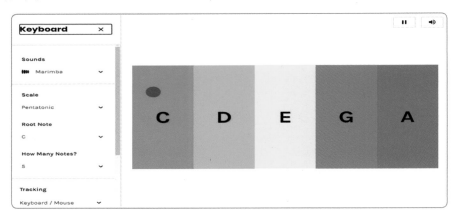

AI EDU TIP

Keyboard Shortcuts

Mute: *Shift+M*

Pause: *Shift+P*

키보드의 SHIFT + M 버튼을 누르면 음소거가 되어 악기를 마우스로 클릭하여도 소리가 나지 않습니다. SHIFT + P 버튼을 누르면 연주가 잠시 일시정지 됩니다.

7 신체로 연주하기 위해 왼쪽 하단 Tracking의 Keyboard / Mouse를 눌러 Body를 선택합니다. 그러면 카메라가 작동되고 현재 화면이 배경으로 나타납니다. 그리고 인공지능(AI)이 여러분의 코를 인식하고 코를 기준으로 연주할 수 있는 파란색 선과 원이 만들어집니다. 얼굴을 움직이면 파란색 선이 움직이며 해당하는 음정에 닿게 되면 소리가 나게 됩니다.

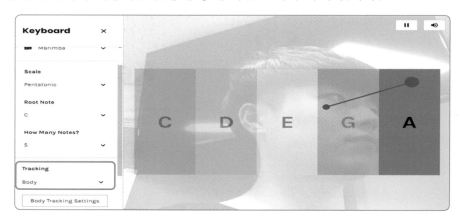

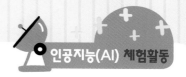

AI EDU TIP

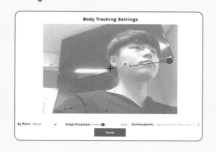

Body Tracking Settings를 클릭하면 Body Part를 통해 신체의 다른 부위(손목, 팔꿈치, 무릎, 발목)로 연주를 하거나 Amplification을 통해 연주할 수 있는 선의 길이를 조절할 수 있습니다.

8 왼쪽의 Sounds, Scale, How Many Notes? 등의 메뉴를 통해 다양한 악기, 스케일, 음정을 선택하고 즐겁게 연주할 수 있습니다.

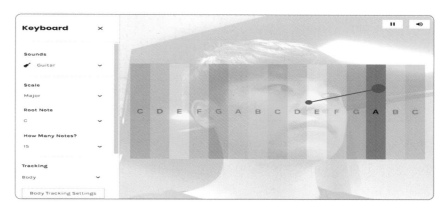

9 Keyboard에서 동요 '비행기' 노래를 신체의 다양한 부위로 연주해 봅시다.

Q. 인공지능(AI)은 어떤 원리로 내 동작을 이해할까요?

인공지능(AI)은 나의 움직임을 감지하고 동작에 따라 다양한 행동을 수행합니다. 인공지능(AI)이 신체의 일부를 인식한 것을 기준으로 다른 신체와 연관성을 파악하여 전체를 이해할 수 있기 때문입니다. 예를 들어 인공지능(AI)이 우리 몸 중 코를 인식하였다면 코와 귀 사이의 거리를 다양한 데이터를 기반으로 학습하여 "대략 여기 위치쯤에 귀가 있을 것이고 눈은 코와 대략 거리가 여기쯤이겠구나."라고 판단하여 몸의 전체를 파악하는 것입니다. 이렇게 몸 전체를 파악하는데 중요한 지점을 'ID'로 기억하는데 그 부위는 다음과 같습니다.

ID	신체 부위	ID	신체 부위	ID	신체 부위	ID	신체 부위
0	코	5	왼쪽 어깨	10	오른쪽 손목	15	왼쪽 발목
1	왼쪽 눈	6	오른쪽 어깨	11	왼쪽 엉덩이	16	오른쪽 발목
2	오른쪽 눈	7	왼쪽 팔꿈치	12	오른쪽 엉덩이		
3	왼쪽 귀	8	오른쪽 팔꿈치	13	왼쪽 무릎		
4	오른쪽 귀	9	왼쪽 손목	14	오른쪽 무릎		

이렇게 인공지능(AI)이 사람의 동작을 인식하는 것을 포즈 판단(Pose estimation)이라고 합니다. 이는, 이미지에 포함된 객체들의 움직임을 인식하고, 인식된 결과를 바탕으로 개체들의 포즈를 추출, 시각화하는 방법입니다.

Q. 과연 인공지능(AI)은 사람이 아닌 동물(강아지, 기린 등)의 동작도 인식할 수 있을까요? 동물의 동작을 인공지능(AI)이 인식하기 위해서는 어떤 데이터가 필요할까요?

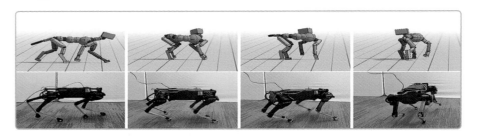

더 나아가 사람의 동작인식뿐만 아니라 동물의 동작인식에 대한 연구도 활발하게 진행되고 있습니다. 대표적으로 구글에서는 강아지의 동작을 인식하고 인공지능(AI)으로 학습하여 4족 보행으로 움직이는 로봇을 개발하였습니다. 이를 통해 사람이 할 수 없는 점프, 방향전환 등 다양한 동작을 수행할 수 있게 되었습니다. 또한 미국 하버드대에서는 인공지능(AI)을 통해 세렝게티에 사는 동물들의 동작을 분석하고 CCTV로 행동을 관찰하여 야생 동물의 생활에 대해 심층적인 탐구를 할 수 있었다고 합니다.

오늘의
인공지능

Semi-Conductor	semiconductor.withgoogle.com	
🎹	creatability.withgoogle.com/keyboard/	
Keyboard	인터넷 주소	QR코드로 바로가기

Q. 세미컨덕터와 키보드 프로그램에서는 인공지능(AI)의 어떤 인식 기능을 이용하였는지 보기에서 찾아 적어봅시다.

보기   음성, 이미지, 글자, 얼굴

[   ] 인식

Q. 인공지능(AI)은 어떤 원리로 내 동작을 이해할까요?

_____

_____

_____

_____

Q. 과연 인공지능(AI)은 사람이 아닌 동물(강아지, 기린 등)의 동작도 인식할 수 있을까요? 동물의 동작을 인공지능(AI)이 인식하기 위해서는 어떤 데이터가 필요할까요?

_____

_____

_____

Section 05

인공지능(AI)은 어떻게 내 손, 목소리를 알까?

* Teachable Machine을 이용하여 내가 입력한 이미지, 소리를 데이터로 저장하여 머신러닝으로 학습한 뒤, 인공지능(AI)이 내가 제시하는 이미지, 소리를 이해하는 활동을 해봅시다.

* 다양한 데이터로 활동하면서 어떻게 인공지능(AI)이 내가 제시하는 이미지, 소리를 인식하는지 생각해 봅시다.

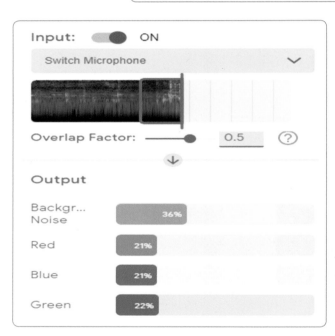

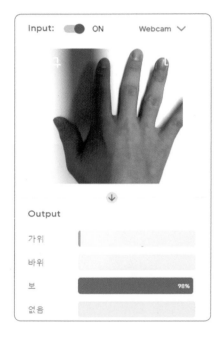

인터넷에 연결된 컴퓨터	웹캠	마이크	학습지

활용 사이트 - https://teachablemachine.withgoogle.com/

Preview 이렇게 활동해 봅시다. ★

오늘의 인공지능(AI)

티쳐블 머신(Teachable Machine)은 이미지, 소리, 동작 등의 데이터를 머신러닝을 통해 인공지능(AI)이 인식하는 것을 간단한 방법으로 체험하여 학생들이 인공지능(AI)의 학습 방법을 쉽게 경험할 수 있는 사이트입니다.

활동안내

활동시간 : 80분 ~ 90분
관련교과 : 미술 체험 영역

활동방법

＊하나의 대상을 선정하여 대상의 다양한 각도, 크기 등을 사진으로 찍고 티쳐블 머신을 활용하여 인공지능(AI)이 대상을 올바르게 인식하는지 확인해봅시다.

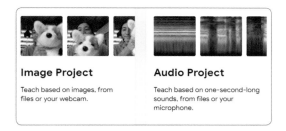

❶ 이미지, 소리 프로젝트 선택

❷ 레이블 입력

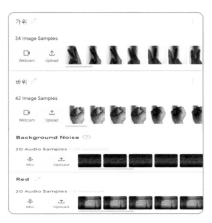

❸ 데이터 입력

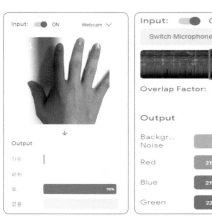

❹ 머신러닝으로 학습된 데이터 확인

43

Teachable Machine 프로그램

1 크롬 브라우저에 접속하여 인터넷 주소창에 https://teachablemachine.withgoogle.com/ 를 입력하여 사이트에 접속 후 [Get Started]를 선택합니다.

2 새로운 프로젝트를 선택하는 항목에서 'Image Project'를 선택합니다.

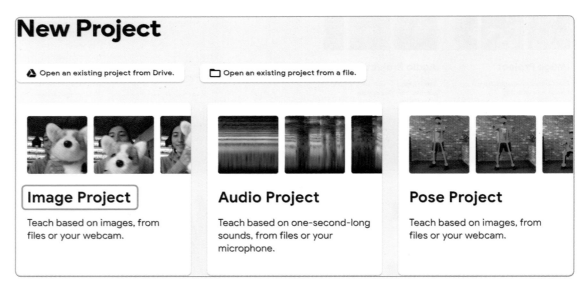

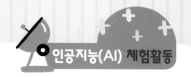

3 새 창으로 이동하면 기본적으로 'Class1'와 'Class2' 항목이 생성됩니다. 'Class1', 'Class2'는 내가 분류하고 싶은 데이터의 항목입니다. 'Class1'을 '가위', 'Class2'를 '바위'로 바꿔 보겠습니다.

4 'Add a class'를 눌러 새로운 항목을 추가하고 같은 방법으로 '보'와 '없음'을 추가합니다(손이 없을 때 없음을 인식하기 위해 없음을 추가합니다).

5 '가위' 항목에 필요한 데이터를 입력하기 위해 'Webcam' 버튼을 클릭합니다. 'Webcam' 버튼을 클릭하면 촬영을 위한 화면이 나타납니다.

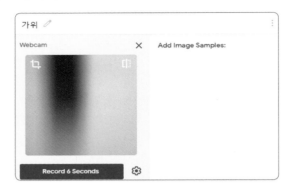

AI EDU TIP

[설정] 아래에 있는 톱니바퀴 버튼을 누르면 이미지 촬영을 위한 설정 항목이 나타납니다. 'Hold-to-record'를 OFF으로 바꾸고 기본 값으로 설정을 하면 촬영 후 2초 뒤, 6초 동안 카메라가 이미지를 연속 촬영하게 됩니다.

기존에 이미지로 촬영된 파일이 있다면 'Upload' 버튼을 클릭하여 파일을 올려 데이터를 입력할 수도 있습니다.

6 'Hold to Record'를 누르고 이미지를 촬영합니다. 가위의 방향, 높이, 모양 등을 다양하게 하여 최소 10장 이상 촬영합니다.

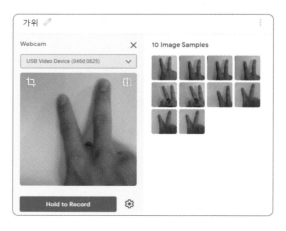

7 같은 방법으로 '바위', '보', '없음' 항목도 이미지 데이터를 추가합니다.

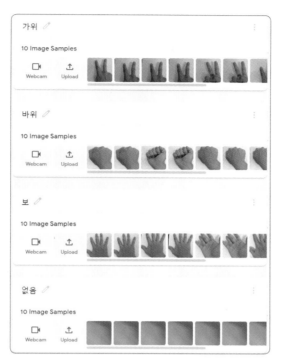

8 머신러닝에 필요한 데이터를 항목별로 모두 입력하였으면 'Training' 단계에서 'Train Model'을 선택합니다.

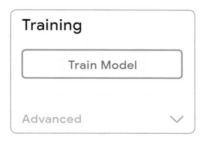

AI EDU TIP

Don't switch tabs!
You must leave this tab open to train your model.   Don't show again   OK

모델이 머신러닝 중에 사이트를 떠나면 정상적으로 학습이 이루어지지 않으므로 유의하세요!

9 머신러닝이 완료되면 직접 테스트 할 수 있는 'Preview' 메뉴가 생성됩니다. 여러분의 '가위', '바위', '보'가 각 데이터에 알맞게 인식되는지 확인해 봅시다(인식이 잘 안되거나 퍼센트가 낮을 경우 데이터를 추가하여 다시 학습합니다).

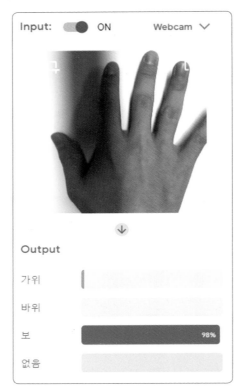

10 이번에는 소리 데이터를 학습하기 위해 새로운 프로젝트를 선택하는 항목에서 'Audio Project'를 선택합니다.

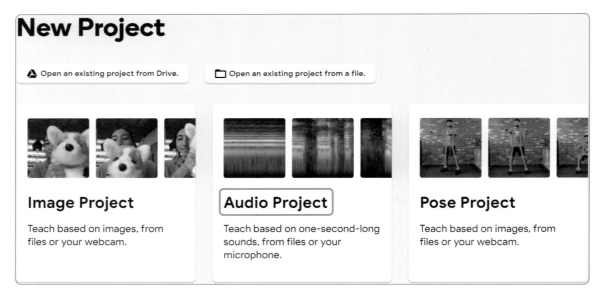

11 새 창으로 이동하면 기본적으로 'Background Noise'와 'Class2' 항목이 생성됩니다. 'Background Noise'는 현재 주변 소리 관련 데이터, 'Class2'는 내가 분류하고 싶은 데이터의 항목입니다. 'Class2'를 'Red'로 바꿔 보겠습니다.

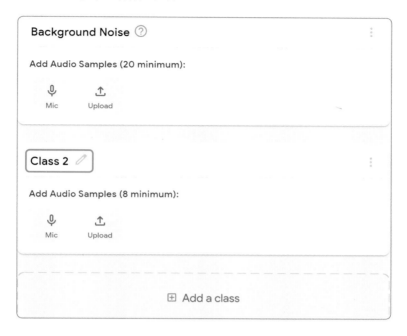

12 'Add a class'를 눌러 새로운 항목을 추가하고 같은 방법으로 'Blue'와 'Green'을 추가합니다.

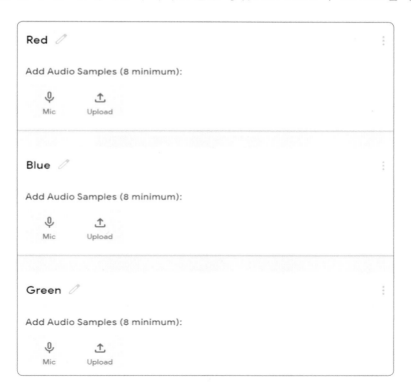

13 인공지능(AI)이 주변 소리를 인식하고 원하는 소리 데이터를 정확하게 인식하기 위해 'Back-ground Noise'를 선택하여 20초 동안 녹음합니다.

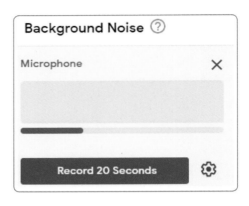

14 'Red' 항목에 필요한 데이터를 입력하기 위해 'Mic' 버튼을 클릭합니다. 마이크 항목을 눌러 필요한 세팅을 합니다.

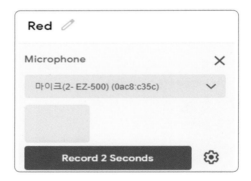

AI EDU TIP

설정 아래에 있는 톱니바퀴 버튼을 누르면 'Delay'와 'Duration' 항목이 나타납니다. 'Delay'는 소리가 녹음 될 때 입력한 초 후에 녹음되는 것이고 'Duration'은 소리가 녹음되는 시간입니다. 하나의 데이터를 위해 필요한 시간으로 설정하면 됩니다.

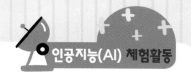

15 'Record 1 Seconds'를 누르고 목소리를 녹음합니다. 소리의 높이, 크기, 길이 등을 다양하게 하여 녹음합니다. 녹음이 끝난 데이터는 'Extract Sample'을 눌러 'Red' 항목에 추가합니다.

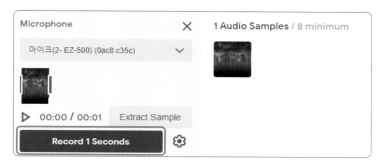

머신러닝이 원활하게 이루어지기 위해서는 다양한 데이터의 양이 많을수록 유리합니다. 소리 데이터의 경우 최소 8개 이상의 데이터가 필요하다는 사실 잊지 마세요!

16 같은 방법으로 'Blue', 'Green' 항목도 소리 데이터를 추가합니다.

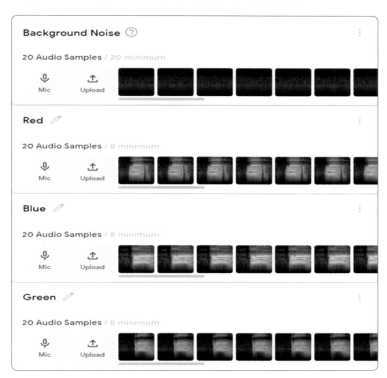

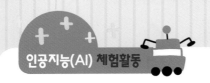

17 머신러닝에 필요한 데이터를 항목별로 모두 입력하였으면 'Training' 단계에서 'Train Model'을
선택합니다.

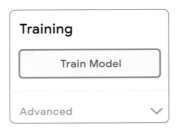

18 머신러닝이 완료되면 직접 테스트 할 수 있는 'Preview' 메뉴가 생성됩니다. 여러분의 발음이 각
데이터에 알맞게 인식되는지 확인해 봅시다(인식이 잘 안되거나 퍼센트가 낮을 경우 데이터를 추
가하여 다시 학습합니다).

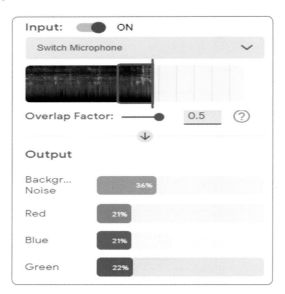

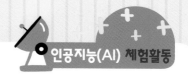

19 여러분이 머신러닝으로 학습한 이미지, 소리 데이터를 다른 곳에 활용하고 싶을 경우 'Export Model' 버튼을 누르고 'Upload my model'을 눌러 현재 완성한 모델을 업데이트 합니다.

Export your model to use it in projects.

Tensorflow.js ⓘ	Tensorflow ⓘ	Tensorflow Lite ⓘ

Export your model:

⦿ Upload (shareable link)   ◯ Download   ☁ Upload my model

Your sharable link:

```
https://teachablemachine.withgoogle.com/models/[...]
```

---

20 업데이트가 마무리 되었으면 Copy를 눌러 URL을 복사합니다. URL을 활용하여 Python, JavaScript 등에 여러분의 데이터를 활용할 수 있습니다.

Export your model to use it in projects.   ✕

Tensorflow.js ⓘ

Export your model:

⦿ Upload (shareable link)   ◯ Download   ☁ Update my cloud model

Your sharable link:

```
https://teachablemachine.withgoogle.com/models/65Y8Dvs_6/
```
                                                                          Copy ⎘

When you upload your model, Teachable Machine hosts it at this link for free. (FAQ: <u>Who can use my model?</u>)

✓ Your cloud model is up to date.

Q. 분류한 이미지와 관련이 없는 이미지를 입력하면 인공지능(AI)은 어떻게 판단할까요?

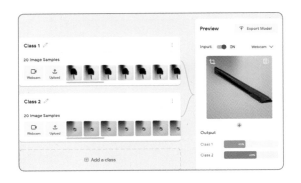

Teachable Machine은 이미지를 판단할 때 이미지의 모양, 색깔, 크기 질감 등 다양한 요소를 기준으로 고려합니다. 그래서 만약 인공지능(AI)이 학습한 데이터와 전혀 관련 없는 이미지를 제시하면 인공지능(AI)은 이미지의 판단의 우선순위에 따라 최대한 공통점이 많은 이미지와 유사하다고 판단하게 됩니다. 다만, 그 정확도는 그림에 보는 것과 같이 많이 낮다는 걸 확인할 수 있습니다.

Q. 내 목소리를 인공지능(AI)이 인식하기 위해서 배경음은 왜 필요할까요?

Teachable Machine이 여러분의 소리를 정확하게 인식하기 위해서는 주변의 소리에 대한 이해가 먼저 필요합니다. 그 이유는 여러분이 소리를 녹음하는 환경이 각자 다르기 때문에 주변 소리를 먼저 인공지능(AI)이 학습하고 인식을 원하는 소리가 입력되었을 때, 입력 데이터에서 주변 소리 값을 제거하고 원하는 소리 값만 얻을 수 있습니다.

Q. 소리 데이터를 인공지능(AI)은 어떻게 이해하고 정보로 처리할 수 있을까요?

눈으로 보이지 않는 소리를 인공지능(AI)이 이해하고 정확한 내용을 결과 값으로 나타내기 위해서는 아래 그림과 같은 과정이 필요합니다. 우선 소리가 발생할 때 나오는 세기, 높낮이, 음색 등의 '소리 값'을 마이크 등의 입력장치로 컴퓨터에 입력합니다. 그리고 각 값을 숫자로 나타내어 데이터화 합니다. 이렇게 데이터의 형태로 변환된 소리 값을 딥러닝(RNN) 알고리즘에 적용하면 인공지능(AI)은 각 데이터를 기존에 학습된 소리 값들과 비교하여 일치하는 내용을 종합하여 결과 값을 알려줍니다.

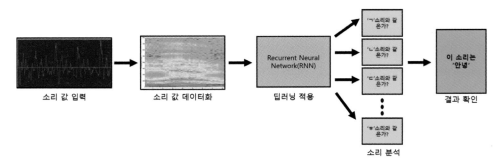

오늘의
인공지능

 | teachablemachine.withgoogle.com/
 인터넷 주소 |
 QR코드로 바로가기

Q. 분류한 이미지와 관련이 없는 이미지를 입력하면 인공지능(AI)은 어떻게 판단할까요?

Q. 내 목소리를 인공지능(AI)이 인식하기 위해서 배경음은 왜 필요할까요?

Q. 소리 데이터를 인공지능(AI)은 어떻게 이해하고 정보로 처리할 수 있을까요?

Section 06

인공지능(AI)은 어떻게 물고기와 해양쓰레기를 구별할까?

* AI for Oceans를 통해 지도학습의 원리를 이해할 수 있습니다.

* 이미지 데이터를 학습시켜 인공지능(AI)이 물고기와 해양쓰레기를 구별하도록 할 수 있습니다.

인터넷에 연결된 컴퓨터 또는 태블릿		학습지
활용 사이트 – https://dialogflow.cloud.google.com/		

 ...

Preview 이렇게 활동해 봅시다. ★

오늘의 인공지능(AI)

AI for Oceans는 Code.org에서 개발한 AI 프로그램입니다. 사람이 물고기 그림 데이터와 해양쓰레기 그림 데이터를 구별해서 컴퓨터에 학습시키면, 컴퓨터는 학습된 데이터를 바탕으로 물고기와 해양쓰레기를 구별해 줍니다.

활동안내

활동시간 : 30분
관련교과 : 창의적 체험활동

활동방법

* AI for Oceans를 이용하여 인공지능(AI)이 물고기와 해양쓰레기를 구별할 수 있도록 데이터를 입력해 봅시다. 이를 통해 지도학습이 무엇인지 알아봅시다.

① 데이터 입력하기

② 인공지능(AI)이 물고기를 잘 구별하는지 확인하기

③ 인공지능(AI)이 이미지 데이터를 어떻게 분류했는지 확인하기

④ 새로운 기준으로 데이터 입력하기

AI for Oceans 프로그램

1 컴퓨터를 실행시켜 AI for Oceans를 검색하거나 인터넷 주소창에 https://code.org/ oceans를 입력하여 사이트에 접속해 봅시다.

2 이미지가 제시되면 이미지가 물고기인지 아닌지를 판단하여 '물고기', '물고기 아님' 버튼을 클릭합니다. 이미지마다 버튼을 눌러 물고기인지 아닌지를 지정해주면, 인공지능(AI)은 새로운 이미지가 제시되었을 때 물고기를 판별할 수 있게 학습이 됩니다. 오른쪽 위에 학습시킨 이미지 데이터의 개수가 표시되며, 많은 데이터를 입력할수록 물고기를 더 잘 구별할 수 있게 됩니다.

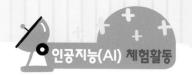

3 인공지능(AI)을 학습시키는 과정이 어느 정도 되었다면, '계속하기' 버튼을 눌러 인공지능(AI)이 물고기인 것과 해양쓰레기를 잘 구별하는지 확인해봅시다.

4 인공지능(AI)이 물고기라고 구별한 이미지 데이터는 어떤 것인지 확인해 봅시다. 대부분은 물고기지만 쓰레기도 섞여있습니다. 더욱 정확하게 구별하도록 하기 위해서는 '학습 더 하기' 버튼을, 다음 단계로 진행하려면 '계속하기' 버튼을 클릭하면 됩니다.

5 새로운 기준으로 이미지 데이터를 구별하여 입력해봅시다. 인공지능(AI)이 다음 과정을 거치면 바다 속에 있는 생물과 아닌 생물을 구별할 수 있습니다.

6 새로운 특징을 기준으로 하여 인공지능(AI)을 학습시킬 수도 있습니다.

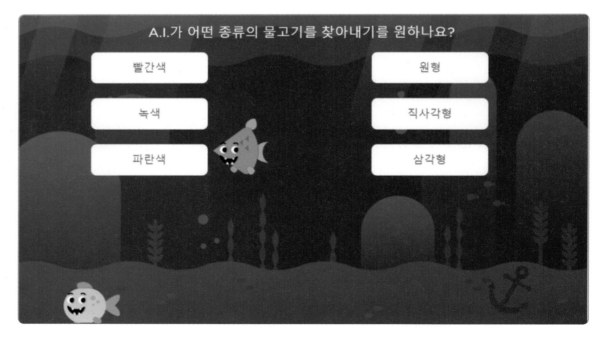

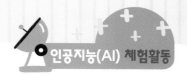

7 인공지능(AI)은 물고기의 여러 특징 중 색을 기준으로 물고기를 구별했음을 알 수 있습니다.

8 이 외에도, 새로운 기준으로 이미지 데이터를 학습시켜 결과를 확인해 봅시다. 이 때, 물고기의 생김새로 위 그림 속 내용들을 판단하는 것이 공정한 것인지 생각해 봅시다.

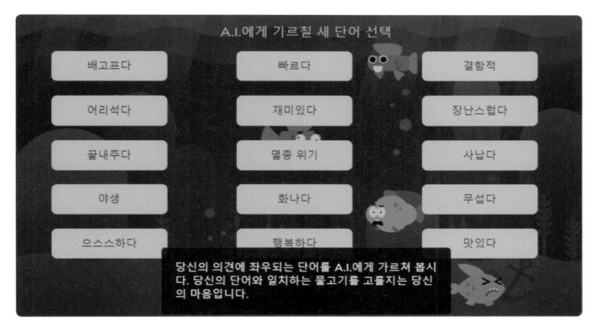

인공지능(AI) 이해하기 어떻게 물고기를 구별할까?

Q. AI for Oceans는 어떻게 물고기를 구별할 수 있을까요?

이미지 데이터가 제시되면, 사람은 '물고기', '물고기 아님'이라는 버튼을 클릭합니다. 이 때 버튼을 클릭하는 과정이 레이블을 지정하는 과정입니다. 레이블(Lable)이란 데이터의 특징을 나타내는 꼬리표로 '물고기', '물고기 아님'이 각각의 데이터들의 레이블이 됩니다. 이 과정을 통해 인공지능(AI)은 물고기 레이블에 속하는 이미지와 속하지 않는 이미지들의 특징을 분석하고, 새로운 이미지가 제시되었을 때 분석한 특징을 바탕으로 물고기인지 물고기가 아닌지를 구별할 수 있습니다. 인공지능(AI)이 새로운 데이터를 분석할 수 있도록 기존의 데이터를 입력시키는 과정을 학습이라고 하며, 인공지능(AI)에 레이블을 지정하여 데이터를 입력시키는 것을 '지도학습'이라고 합니다.

Q. 지도학습을 통해 인공지능(AI)의 정확도를 높이려면 어떻게 해야 할까요?

인공지능(AI)이 새로운 데이터가 입력되었을 때 정확히 판단하도록 하기 위해서는 정확한 데이터로 학습시키는 것이 중요합니다. 만약 쓰레기를 '물고기' 레이블로 지정하여 학습시킨다면, 인공지능(AI)은 쓰레기를 물고기로 판단하게 됩니다.

또한 데이터를 더 많이 제공할수록 데이터들의 특징을 더욱 정확하게 분석하게 되어, 정확도가 높아집니다.

Q. 인공지능(AI)을 학습시키기 위한 데이터를 선정할 때 주의해야할 점은 무엇일까요?

레이블을 지정하여 데이터를 입력시키는 역할은 사람이 담당하게 됩니다. 따라서 입력시키는 사람에 따라 편향되거나 옳지 않은 데이터를 입력하게 될 수도 있습니다. 만약 인공지능(AI)이 물고기 생김새에 따라 재미있는 물고기를 판별할 수 있도록 학습시켰다고 했을 때, 인공지능(AI)은 입력된 물고기 이미지들의 특징들을 바탕으로 재미있는 물고기인지 아닌지 판별할 것입니다. 하지만 생김새를 기준으로 물고기의 성격이 재밌는지 아닌지를 판단하여 데이터를 입력하는 것은 올바르지 않습니다. 따라서 인공지능(AI)을 학습시킬 때는 신중하게 데이터를 선정하는 것이 중요합니다.

오늘의
인공지능

code.org/oceans

인터넷 주소

QR코드로 바로가기

Q. 이미지가 제시될 때 마다 '물고기', '물고기 아님' 버튼을 누르는 이유는 무엇일까요?

Q. 학습시킨 이미지 데이터의 개수가 적으면 인공지능(AI)의 정확도는 어떻게 될까요?

Q. 만약 위의 그림처럼 쓰레기를 물고기라고 지정하여 입력하면 어떻게 될까요?

Q. 물고기의 생김새로 물고기의 성격을 판단하는 것은 올바를까요? 자신의 생각과 그 이유를 써봅시다.

Section 07

먹을 수 있는 버섯을 구별해 봅시다.

* 식용버섯과 독버섯을 구별하는 과정을 통해 결정 트리 학습을 이해할 수 있습니다.

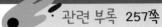

관련 부록 257쪽

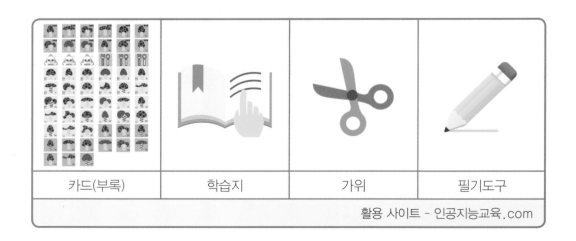

카드(부록)	학습지	가위	필기도구

활용 사이트 - 인공지능교육.com

Preview 이렇게 활동해 봅시다. ★

오늘의 인공지능(AI)

결정 트리 학습법은 여러 데이터를 분석하여 패턴을 분석한 다음 검증되지 않은 데이터를 예측할 수 있는 방법입니다. 스무고개와 유사한 방식으로 진행되며, 진행 과정이 가지를 뻗어가는 나무의 모습과 유사해 '트리(tree)'라고 합니다.

활동안내

활동시간 : 30분
관련교과 : 과학 탐구 영역

활동방법

* 결정 트리를 이용해 버섯 구별하기 활동을 해봅시다. 활동을 하며 어떤 질문을 해야 버섯을 바르게 구별할 수 있을지 생각해봅시다.

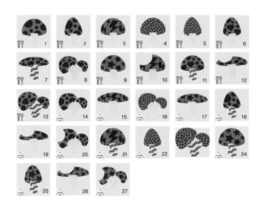

❶ 버섯 카드 분석하기

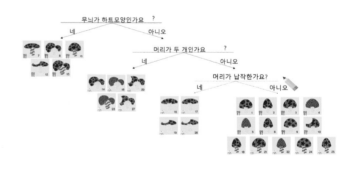

❷ 결정 트리를 이용해 버섯 구별하기

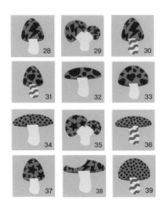

❸ 새로운 버섯 예측하기

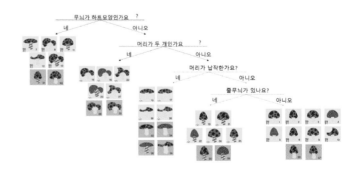

❹ 결정 트리 학습 이해하기

인공지능(AI) 체험활동 연습하기

1 부록의 카드 중 회색 버섯 카드를 잘라 준비합니다.

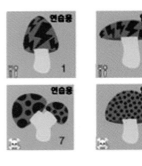
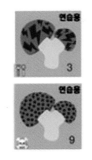
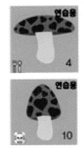
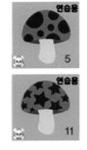
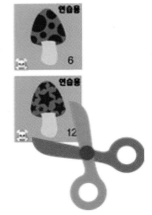

2 회색 버섯 카드를 식용버섯과 독버섯으로 나눈 후 각각의 특징(버섯 머리 무늬, 버섯 머리 모양, 버섯 머리 개수 등)을 관찰합니다.

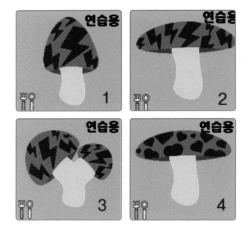
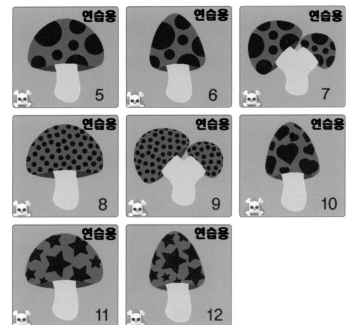

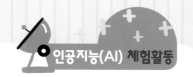

3 활동지의 빈칸에 버섯을 구별할 수 있는 질문을 적고 양 화살표 옆에 '네'와 '아니오'를 적습니다.

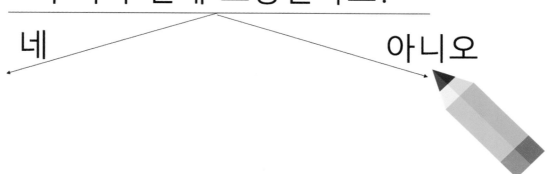

4 질문의 대답에 맞는 버섯 카드를 아래에 놓습니다.

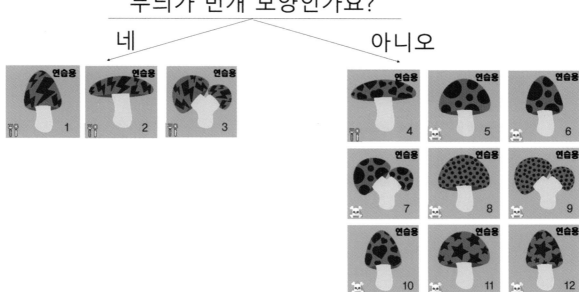

5 구별된 버섯이 모두 식용버섯이거나 모두 독버섯인지 확인합니다. 아래의 경우 구별된 버섯이 모두 식용버섯입니다.

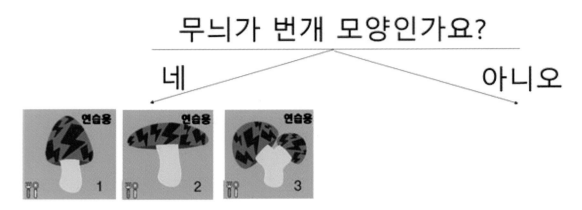

6 아직 구별되지 않은 버섯을 구별하기 위해 새로운 질문을 적고 양 화살표 옆에 '네'와 '아니오'를 적습니다.

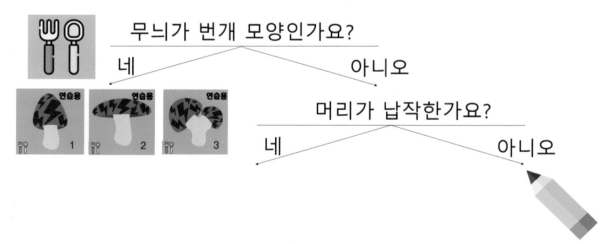

7 질문의 대답에 맞는 버섯 카드를 아래에 놓습니다.

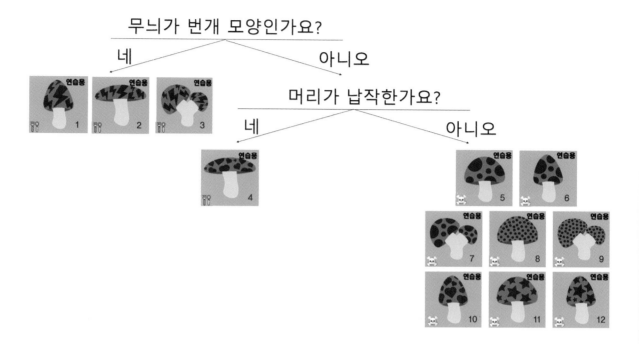

8 구별된 버섯이 모두 식용버섯이거나 모두 독버섯인지 확인합니다. 모든 버섯이 바르게 구별되었음을 확인합니다.

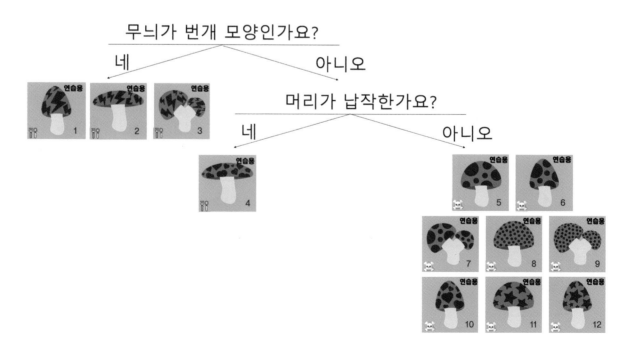

 인공지능(AI) 체험활동 **버섯 구별하기**

1 부록의 카드를 모두 가위로 잘라 준비합니다.

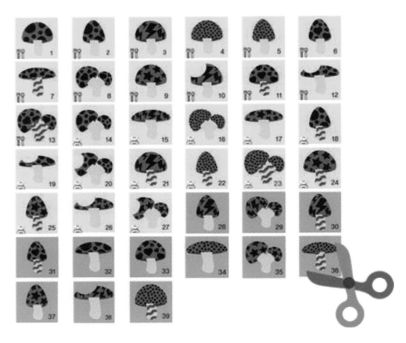

2 노랑 카드를 식용버섯과 독버섯으로 나눈 후 각각의 특징을 관찰합니다.

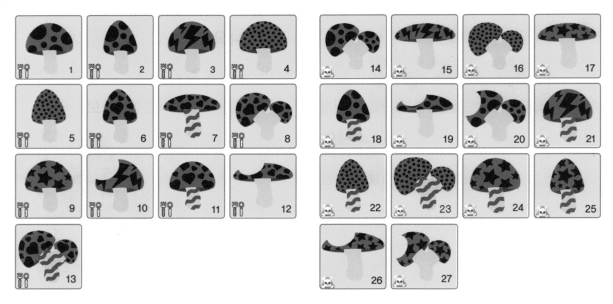

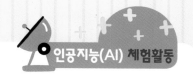
3 활동지의 빈 칸에 버섯을 구별할 수 있는 질문을 적고 양 화살표 옆에 '네'와 '아니오'를 적습니다.

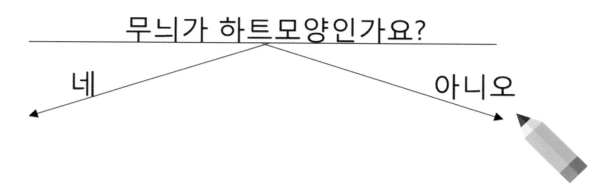

무늬가 하트모양인가요?

네   아니오

4 질문의 대답에 맞는 버섯 카드를 아래에 놓습니다.

무늬가 하트모양인가요?

네   아니오

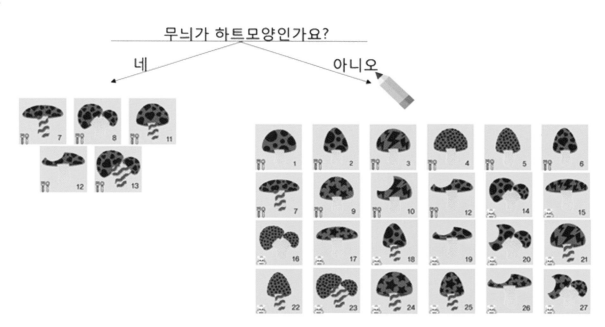

5 구별된 버섯이 모두 식용버섯이거나 모두 독버섯인지 확인합니다. 아래의 경우 구별된 버섯이 모두 식용버섯입니다.

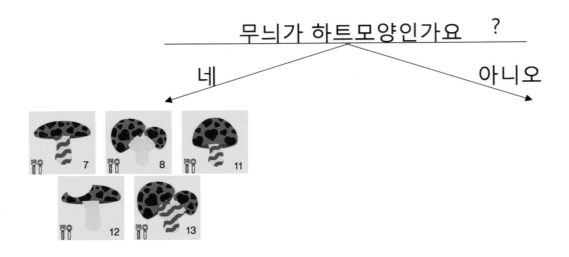

6 아직 구별되지 않은 버섯을 구별하기 위해 새로운 질문을 적고 양 화살표 옆에 '네'와 '아니오'를 적습니다. 질문의 대답에 맞는 버섯 카드를 아래에 놓습니다.

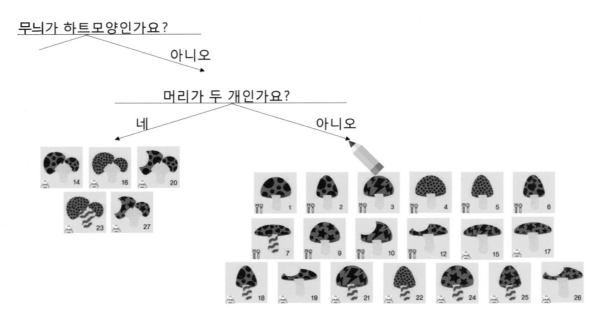

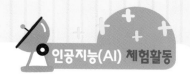

7 구별된 버섯이 모두 식용버섯이거나 모두 독버섯인지 확인합니다. 아래의 경우 구별된 버섯이 모두 독버섯입니다.

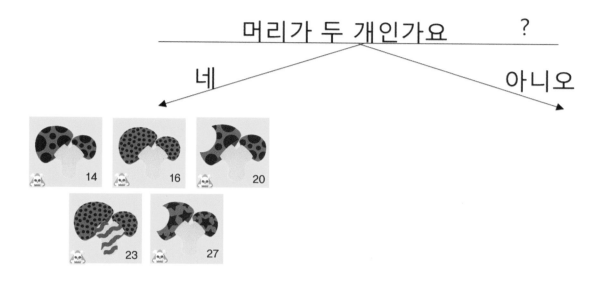

8 아직 구별되지 않은 버섯을 구별하기 위해 새로운 질문을 적고 양 화살표 옆에 '네'와 '아니오'를 적습니다. 질문의 대답에 맞는 버섯 카드를 아래에 놓습니다.

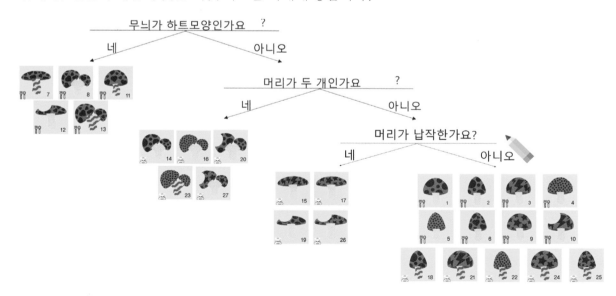

9 모든 버섯을 구별할 수 있는 결정 트리가 완성되었습니다.

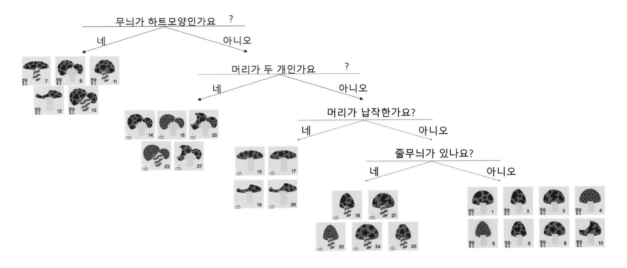

10 완성된 결정 트리를 이용해 파랑 카드를 구별해보고 정답을 확인합니다.

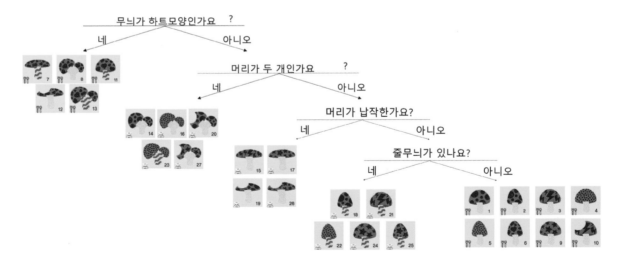

새로운 데이터를 예측하는 결정 트리 학습

Q. 식용버섯과 독버섯을 구별하는데 사용된 방법은 무엇일까요?

위 활동에서 버섯을 구별하는데 사용된 알고리즘은 결정 트리 학습법입니다. 결정 트리 학습법은 기존의 데이터를 분석하여 새로운 데이터를 예측하는 방법으로 위 활동에서는 다양한 버섯 데이터를 분석하여 새로운 버섯을 식용버섯과 독버섯으로 구별했습니다.

Q. 버섯을 구별하는 여러 결정 트리 중 어떤 것이 효율적인 결정 트리일까요?

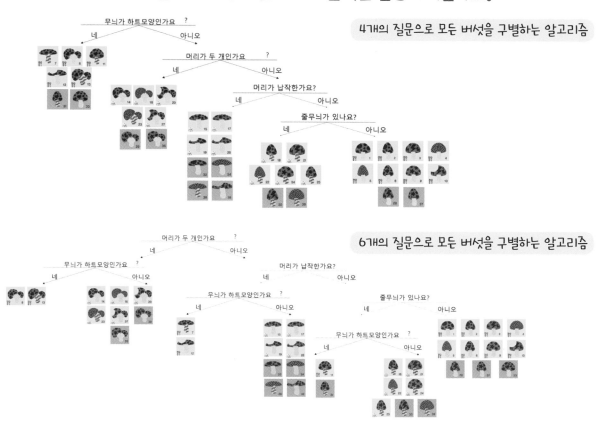

하나의 상황에도 다양한 결정 트리를 만들 수 있지만 적은 질문으로 정확한 답을 예측할 수 있는 결정 트리가 가장 효율적입니다.

Q. 결정 트리 학습은 우리 생활 속에서 어떻게 활용되고 있을까요?

결정 트리 학습은 기존 데이터를 기반으로 결과를 예측할 수 있어 매우 광범위하게 활용되고 있습니다. 광고를 제작할 때 어떤 사람들을 대상으로 홍보해야 가장 큰 효과를 얻을 수 있는지를 예측하거나, 환자의 의료 데이터를 바탕으로 질병을 예측하기도 하며, 게임에서는 사람의 동작과 얼굴을 인식하는 기술에 활용되기도 합니다.

Q. 부록의 회색 카드를 관찰하여 버섯을 구별할 수 있는 질문들을 적으며 결정트리를 만들어봅시다. 질문의 답에 해당하는 버섯 카드를 대답 아래에 놓고 모든 버섯이 구별될 때까지 위의 행동을 반복합니다.

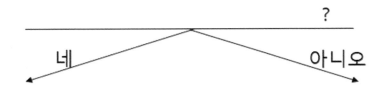

Q. 부록의 노랑 버섯 카드를 관찰하여 버섯을 구별할 수 있는 질문들을 적으며 결정 트리를 만들어 봅시다.

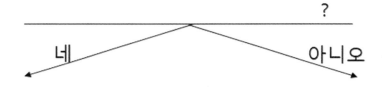

Q. 완성된 결정 트리를 이용해 부록의 파랑 카드를 구별해봅시다. 모두 구별했다면 정답이 맞는지 확인해봅시다.

Q. 다음 두 결정 트리 중 더 효율적인 트리는 무엇일까요? 왜 그렇게 생각했나요?

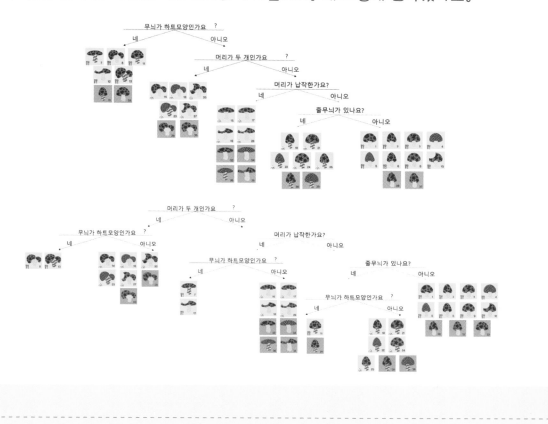

Q. 결정 트리 학습은 생활 속에서 어떻게 활용될 수 있을까요?

Section 08

음료를 추천해 봅시다.

✳ 고객이 선택한 빵과 어울리는 음료를 추천하는 활동을 통해 데이터를 활용한 추천 알고리즘을 이해할 수 있습니다.

랑   시켜야지

이 음료와 같이 드셔보시겠어요?

or

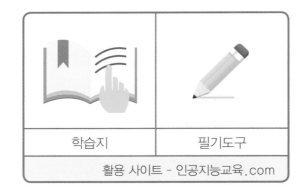	
학습지	필기도구
활용 사이트 – 인공지능교육.com	

Preview 이렇게 활동해 봅시다. ★

오늘의 인공지능(AI)

추천 알고리즘은 기존 데이터를 바탕으로 선택을 도와주는 방법입니다. 데이터가 많을수록 추천을 더 잘할 수 있습니다.

활동안내

활동시간 : 20분

관련교과 : 실과 가정 생활과 안전 영역

활동방법

* 추천 알고리즘을 이용해 빵과 어울리는 음료 추천하기 활동을 해봅시다.

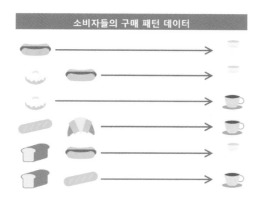

❶ 소비자 구매 패턴 분석하기

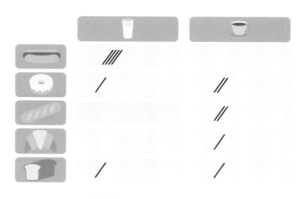

❷ 추천 알고리즘 만들기

❸ 다양한 상황에서 추천하기

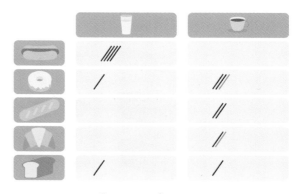

❹ 데이터 추가하기

인공지능(AI) 체험활동 **추천 알고리즘 체험하기**

1. 크로와상과 도넛을 주문하는 고객에게 어떤 음료를 추천하는 것이 좋을지에 대한 알고리즘을 만들어보기로 합니다.

랑 시켜야지

이 음료와 같이 드셔보시겠어요?

or

2. 인공지능(AI)이 음료를 추천하기 위해서는 기존의 고객들이 구매한 정보, 즉 구매 패턴 데이터가 필요합니다. 고객들은 다음과 같은 구매 패턴을 보였다고 가정합시다. 예를 들어 첫 번째 데이터를 보면 소시지빵을 구입한 고객들은 주로 우유를 함께 구입했습니다.

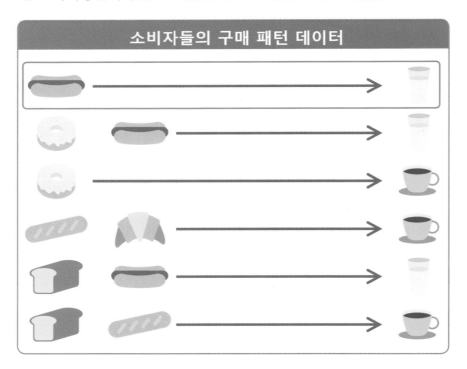

소비자들의 구매 패턴 데이터

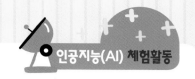

3 첫 번째 데이터에서 소시지빵을 구입한 고객들은 우유를 함께 구입했으므로 추천 알고리즘 표에 2점을 더합니다. 즉, 빵과 음료가 1:1로 연결된 경우 2점을 더해줍니다.

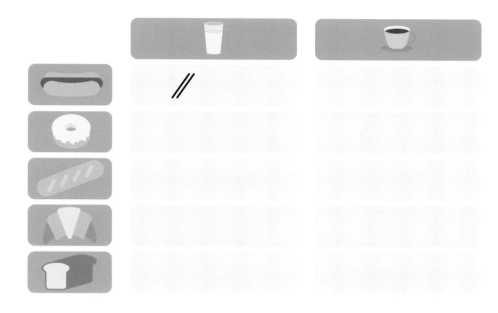

4 두 번째 데이터에서 도넛과 소시지빵을 함께 구입한 고객들도 주로 우유를 함께 구입했습니다.

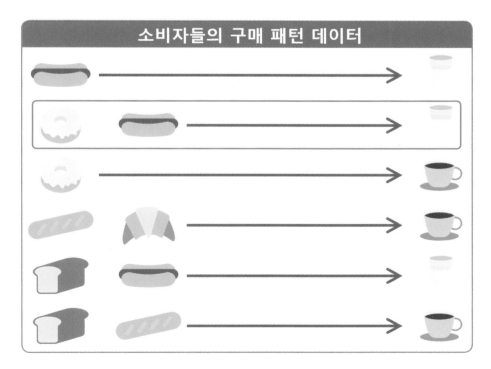

소비자들의 구매 패턴 데이터

5 그에 따라 추천 알고리즘 표의 각각의 위치에 1점씩 더합니다. 이와 같이 두 종류의 빵과 하나의 음료가 연결된 경우는 각각의 위치에 1점을 더해줍니다.

6 위와 같은 방법으로 모든 데이터를 추천 알고리즘 표에 표시합니다.

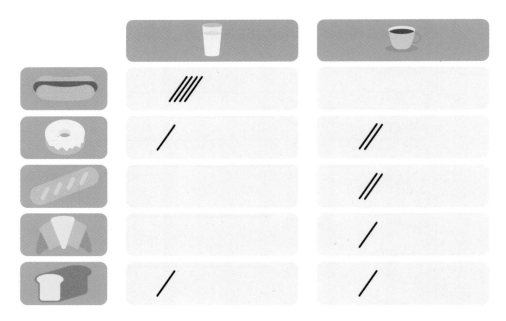

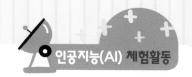

7 위의 데이터를 기준으로 하여 고객이 크로와상과 도넛을 주문하였을 경우 인공지능(AI)은 점수가 높은 커피를 추천하게 됩니다.

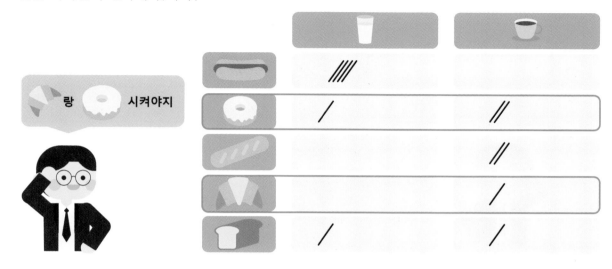

8 인공지능(AI)이 추천한 음료에 대해 고객이 받아들일 수도 있지만 아닐 수도 있는데 최종적으로 고객이 선택하면 인공지능(AI)은 그 데이터를 또다시 데이터로 수집합니다.

9 8번에서 커피를 선택한 경우는 도넛과 크로와상 줄의 커피에 각각 1점씩을 더해줍니다.

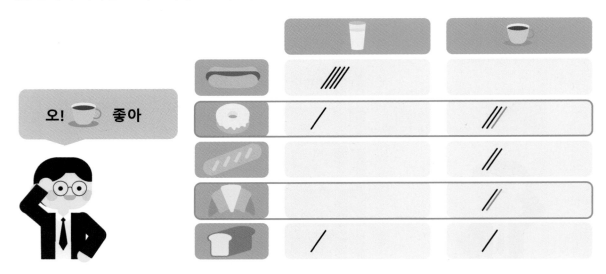

10 8번에서 추천과 달리 커피를 선택하지 않고 우유를 선택한 경우는 9번 처럼 표시하지 않고 도넛과 크로와상 줄의 우유에 각각 1점씩을 더해줍니다.

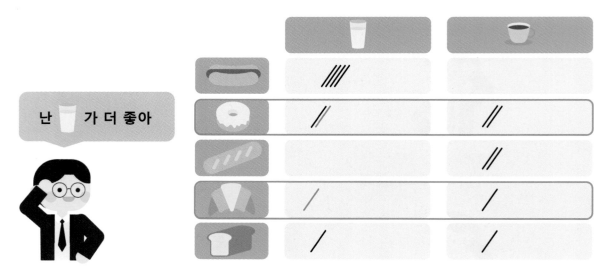

인공지능(AI) 이해하기 　나의 선택이 데이터가 되는 추천 알고리즘

Q. 고객이 원하는 음료를 추천하는 데 사용된 방법은 무엇일까요?

추천 알고리즘은 기존의 선택 데이터를 바탕으로 고객이 원하는 것을 추천하는 알고리즘입니다. 이전의 많은 고객들이 빵과 함께 구입한 음료에 대한 데이터를 바탕으로 새로운 고객들이 빵을 구입할 때 함께 구입할 것으로 예상되는 음료를 추천해 선택을 도와줍니다.

Q. 식빵과 같이 우유와 커피의 점수가 같은 경우 무엇을 추천할까요?

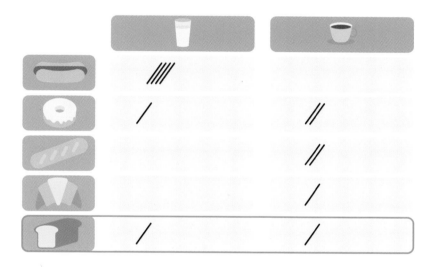

위와 같이 여러 선택지의 점수가 같은 경우 둘 중 하나를 임의로 추천하도록 하는 알고리즘을 만들 수 있습니다. 이 경우 고객의 구매패턴이 반영되지 않았으므로 고객이 만족할 확률이 낮아집니다. 여러 선택지의 점수가 같은 이유는 데이터의 개수가 충분하지 않기 때문입니다. 무수히 많은 데이터가 누적되었다면 위와 같은 경우가 잘 발생하지 않습니다. 따라서 데이터가 충분히 많을수록 인공지능(AI)은 추천을 더욱 잘할 수 있게 됩니다.

Q. 추천 알고리즘은 우리 생활 속에서 어떻게 활용되고 있을까요?

추천 알고리즘은 유튜브나 넷플릭스 등 영상 스트리밍 사이트에서 사용자들이 좋아할만한 영상 콘텐츠를 추천하는데 사용됩니다. 또한 검색 포털, 인터넷 쇼핑몰, 키오스크 등 다양한 분야에서 사람들의 선택을 도와주기도 합니다.

Q. 고객들의 구매 패턴 데이터를 보며 어떤 음료를 추천하는 것이 좋을지 생각해봅시다.

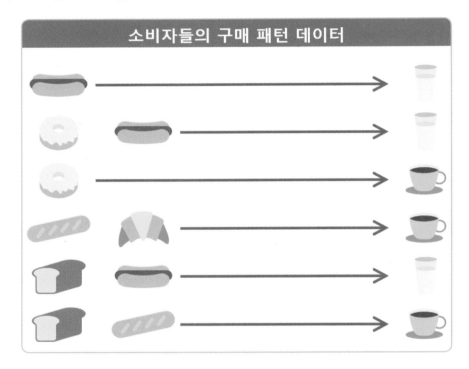

Q. 구매 패턴 데이터를 참고하여 추천 알고리즘 표를 작성해봅시다.

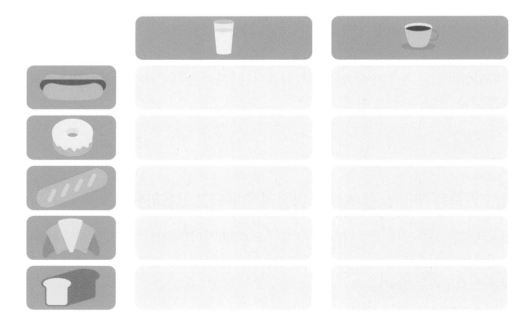

Q. 친구들의 선호도를 조사하여 표에 정리해 봅시다.

이름	빵(한 개 또는 두 개 선택)					음료	
	소시지	도넛	바게트	크로와상	식빵	우유	쥬스

Q. 표로 정리한 선호 데이터를 참고하여 추천 알고리즘 표를 작성해봅시다.

좋아하는 음식을 추천해 봅시다.

* 음식을 추천하는 활동을 통해 KNN(K-Nearest Neighbor, K-최근접 이웃 알고리즘)의 원리를 이해할 수 있습니다.

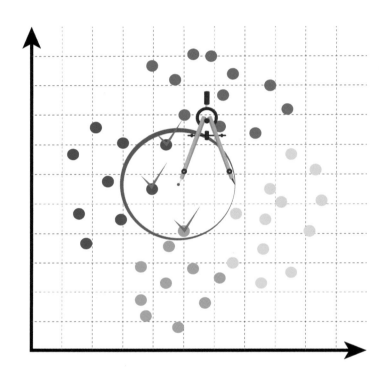

가위	컴퍼스	학습지

활용 사이트 - 인공지능교육.com

오늘의 인공지능(AI)

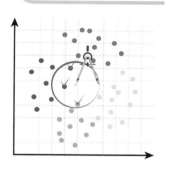

KNN(K-Nearest Neighbor, K최근접 이웃 알고리즘)은 데이터를 가장 가까운 속성에 따라 분류하는 방법입니다.

거리를 바탕으로 하는 간단한 알고리즘이지만 이미지 처리, 영화나 음악 추천, 개인별 취향 예측 등 많은 분야에서 사용되고 있습니다.

활동안내

활동시간 : 10분 ~ 15분

관련교과 : 가정 생활과 안전 영역

활동방법

* KNN을 활용해 좋아하는 음식을 추천해봅시다.

❶ 내 취향 파악하기

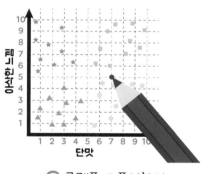

❷ 그래프에 표시하기

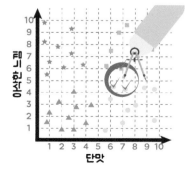

❸ 가까운 데이터 3개(또는 5개) 찾기

추천 샐러드 : 복숭아 샐러드

❹ 추천 음식 확인하기

학습지를 활용해 각각의 맛과 느낌을 얼마나 좋아하는지 표시합니다.

2 좌표의 가로축과 세로축에 어떤 맛과 느낌이 있는지 확인합니다.

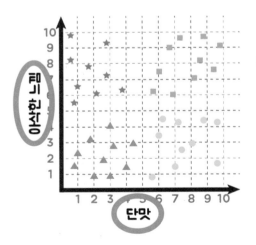

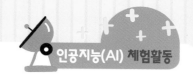
3 가로축과 세로축의 값에 맞게 내 데이터를 그래프에 표시합니다.

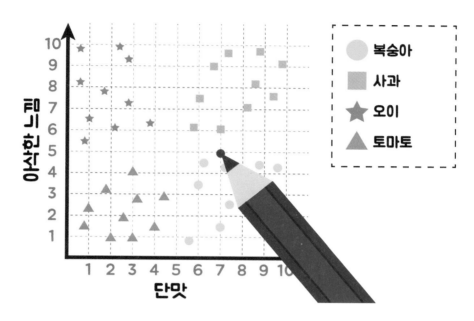

4 컴퍼스를 이용해 내 데이터에서 가장 가까운 데이터 3개를 찾습니다(가장 가까운 데이터가 여러 종류라면 5개를 찾습니다).

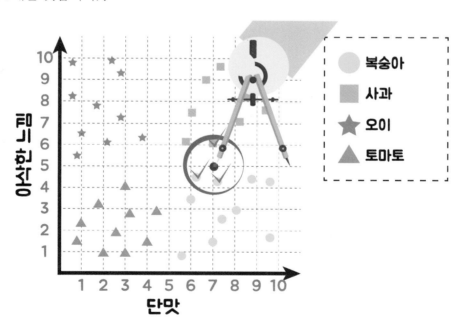

5 3개(또는 5개)의 데이터 중 더 많은 데이터가 추천 음식이 됩니다. 샐러드를 추천한 후 식사와 음료, 아이스크림도 같은 방법으로 추천합니다.

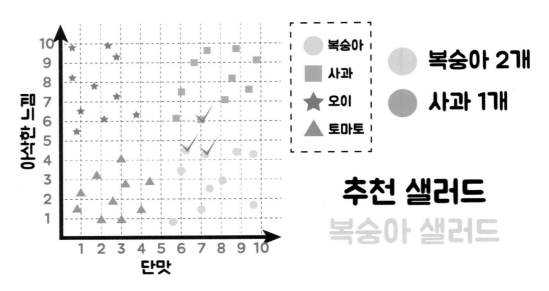

6 인공지능(AI)이 추천한 음식을 학습지에 기록하고 친구와 비교해봅니다.

가장 가까운 데이터를 참고하는 KNN

Q. KNN(K-Nearest Neighbor, K최근접 이웃 알고리즘)이란 무엇일까요?

데이터로부터 거리가 가장 가까운 데이터 K개를 참고하여 분류하는 알고리즘입니다.

Q. 컴퓨터는 어떤 과정을 통해 추천을 할 수 있을까요?

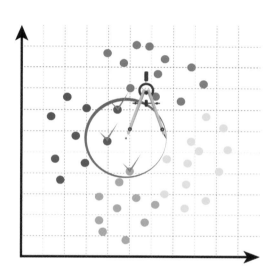

KNN은 데이터를 가장 가까운 속성에 따라 분류하는 방법입니다.

나의 데이터에서 가장 가까운 K(주로 3 또는 5)개의 데이터를 찾아 다수결로 데이터를 판별합니다.

Q. KNN을 어디에 활용할 수 있을까요?

KNN은 거리를 기반으로 하는 간단한 알고리즘이지만 이미지 처리, 영화나 음악 추천, 쇼핑 상품 예측, 의료 등 많은 분야에 활용할 수 있습니다.

Q. 아래에 있는 다양한 맛과 느낌을 얼마나 좋아하는지 표시해 봅시다.

단맛	1	2	3	4	5	6	7	8	9	10
매운맛	1	2	3	4	5	6	7	8	9	10
톡 쏘는 느낌	1	2	3	4	5	6	7	8	9	10
아삭한 느낌	1	2	3	4	5	6	7	8	9	10
부드러운 느낌	1	2	3	4	5	6	7	8	9	10
시원한 느낌	1	2	3	4	5	6	7	8	9	10

Q. 샐러드 그래프

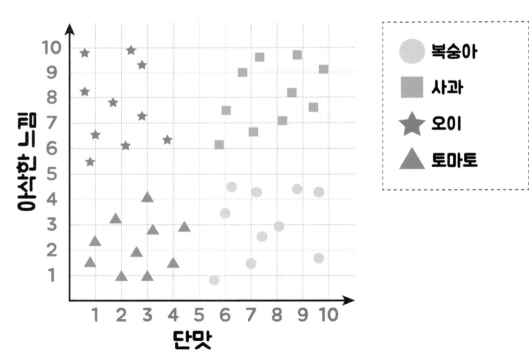

Q. 식사 그래프

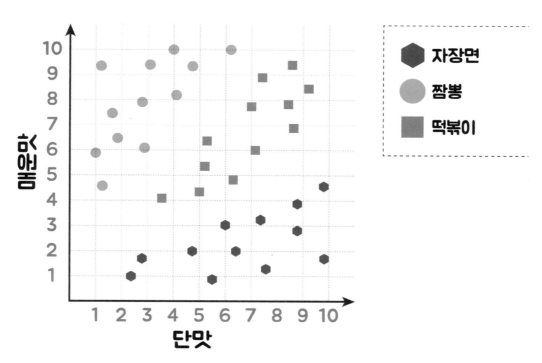

Q. 음료 그래프

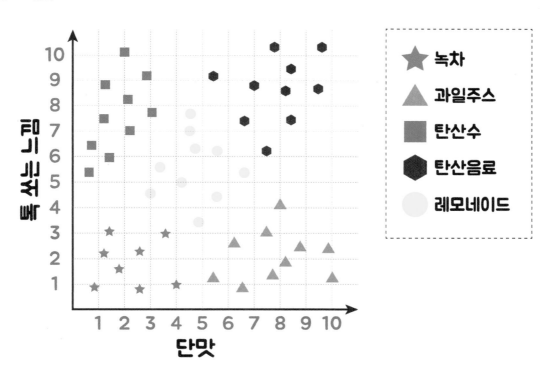

Q. 아이스크림 그래프

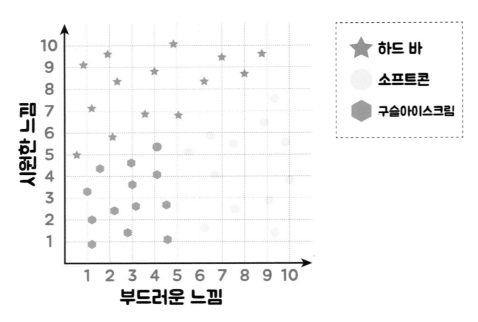

Q. 위의 내용을 바탕으로 각 그래프에 내가 좋아하는 맛과 느낌을 표시한 후 인공지능(AI)이 추천한 메뉴를 적어봅시다.

샐러드	(	)
식사	(	)
음료	(	)
후식	(	)

Q. KNN을 생활 속에서 어떻게 활용할 수 있을까요?

MEMO

10 과일을 구분하여 봅시다.

✻ 과일 구분하기를 통해 비지도학습의 원리를 이해할 수 있습니다.

필기도구	학습지
활용 사이트 - 인공지능교육.com	

오늘의 인공지능(AI)

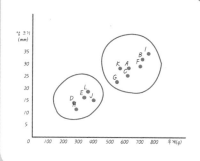

비지도학습은 인공지능(AI)이 스스로 데이터의 특징을 발견하여 특징이 비슷한 데이터끼리 묶어 학습하는 방법입니다.

비지도학습의 학습방법을 활용하여 모양이 비슷한 과일들을 특징별로 나누어봅시다.

활동안내

활동시간 : 15분~30분

관련교과 : 창의적 체험 활동 영역

활동방법

* 비지도학습을 이용해 과일을 나누어보며 인공지능(AI)이 데이터의 특징을 어떻게 이해하는지 알아봅시다.

❶ 과일 카드 분석하기

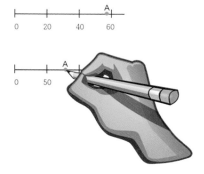

❷ 수직선에 과일 표시하여 그룹 나누기

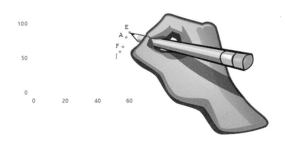

❸ 그래프에 과일 표시하여 그룹 나누기

❹ 비지도학습 이해하기

1 과일을 정리하다가 귤과 오렌지가 섞이게 되었습니다. 귤은 귤끼리, 오렌지는 오렌지끼리 모아 두려고 합니다. 귤과 오렌지의 구분을 어떻게 하면 좋을까요?

2 아래 과일들을 귤과 오렌지로 구분하여 봅시다. 어떤 것이 귤이고 어떤 것이 오렌지일까요?

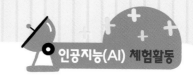

3 앞서 살펴본 과일들의 크기와 무게를 정리해 표로 나타낸 것입니다. 과일 A~L의 크기와 무게를 이용하여 귤과 오렌지로 구분해봅시다.

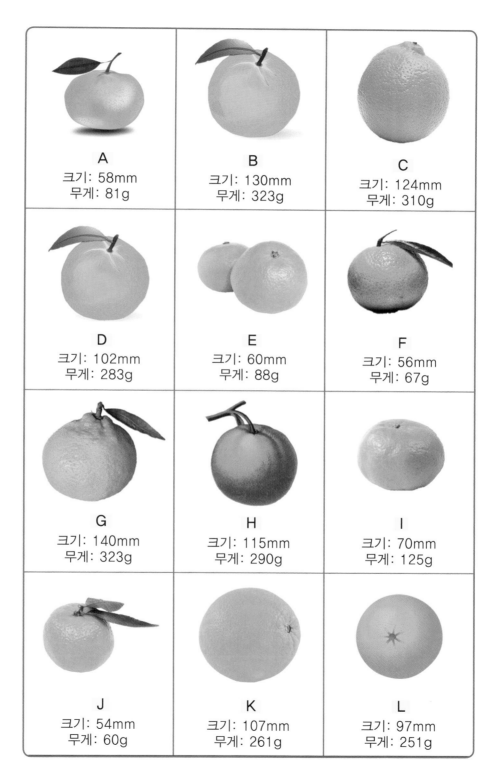

A 크기: 58mm 무게: 81g	B 크기: 130mm 무게: 323g	C 크기: 124mm 무게: 310g
D 크기: 102mm 무게: 283g	E 크기: 60mm 무게: 88g	F 크기: 56mm 무게: 67g
G 크기: 140mm 무게: 323g	H 크기: 115mm 무게: 290g	I 크기: 70mm 무게: 125g
J 크기: 54mm 무게: 60g	K 크기: 107mm 무게: 261g	L 크기: 97mm 무게: 251g

4 A~L 과일의 크기를 수직선에 나타내어 봅시다. 수직선에 과일을 나타낸 후 두 묶음으로 나눈다면 어떻게 묶을 수 있을까요?

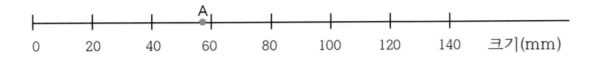

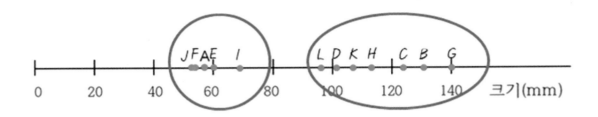

5 A~L 과일의 무게를 수직선에 나타내어 봅시다. 수직선에 과일을 나타낸 후 두 묶음으로 나눈다면 어떻게 묶을 수 있을까요?

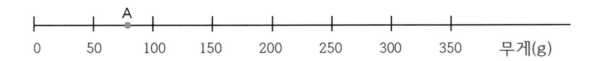

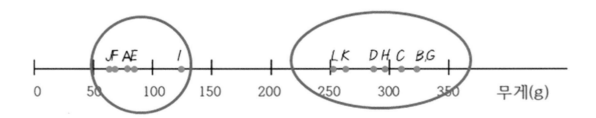

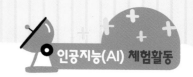

6 나뉘어진 묶음을 비교해봅시다. 어떤 묶음이 귤이고 어떤 묶음이 오렌지일까요?

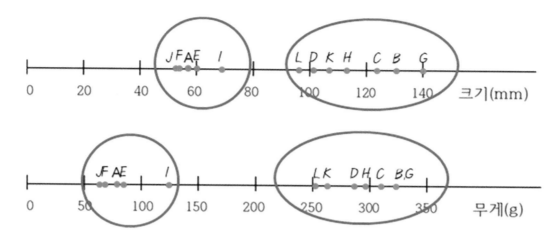

7 이번에는 과일의 크기와 무게를 동시에 활용하여 귤과 오렌지로 구분해보겠습니다. 과일의 크기와 무게를 참고하여 그래프에 A~L을 각각 표시하여 봅시다.

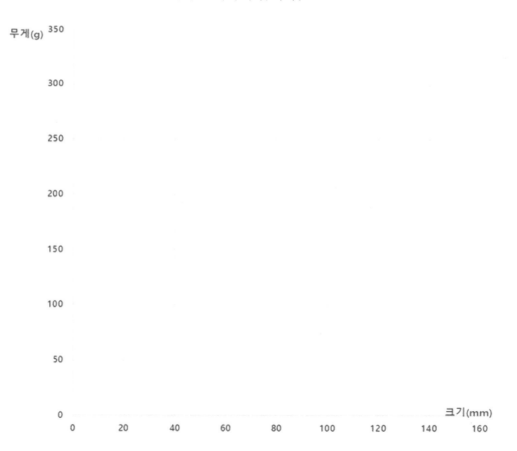

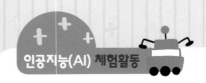

8 과일을 두 그룹으로 묶어 봅시다. 각각의 묶음이 귤과 오렌지라면, 무엇이 귤이고 무엇이 오렌지일까요?

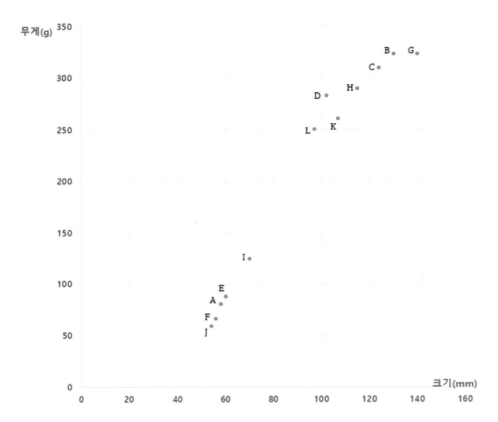

9 데이터의 특징을 활용하면 눈으로 구분이 되지 않는 과일들을 여러 묶음으로 나누어 생각할 수 있습니다.

인공지능(AI) 체험활동 포도 구분하기

1 학습지의 과일을 살펴봅시다. A~L까지 포도에 대해 크기, 무게, 당도 등을 분석합니다.

A
알 크기: 28mm
무게: 630g
당도: 18brix

B
알 크기: 32mm
무게: 720g
당도: 16brix

C
알 크기: 25mm
무게: 620g
당도: 19brix

D
알 크기: 14mm
무게: 270g
당도: 13brix

E
알 크기: 16mm
무게: 330g
당도: 14brix

F
알 크기: 29mm
무게: 700g
당도: 15brix

G
알 크기: 23mm
무게: 540g
당도: 20brix

H
알 크기: 12mm
무게: 280g
당도: 14brix

I
알 크기: 34mm
무게: 750g
당도: 16brix

J
알 크기: 15mm
무게: 400g
당도: 11brix

K
알 크기: 27mm
무게: 570g
당도: 18brix

L
알 크기: 18mm
무게: 380g
당도: 12brix

2 A~L 과일의 알 크기, 무게, 당도를 각각 수직선에 표시하고, 두 묶음으로 나누어봅시다. 두 묶음으로 나누기 쉬운 기준은 무엇인가요?

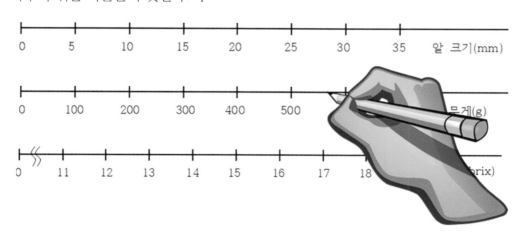

3 A~L 과일의 알 크기, 무게, 당도 중 기준 2가지를 골라 그래프의 세로축과 가로축에 단위를 적고, 그래프에 과일을 표시해봅시다.

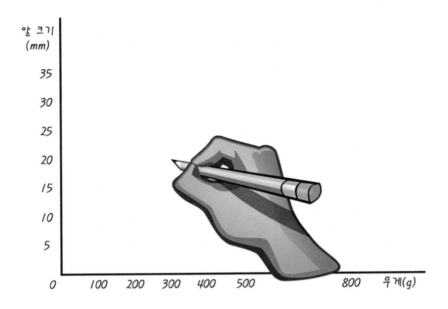

4 과일을 두 묶음으로 묶어봅시다.

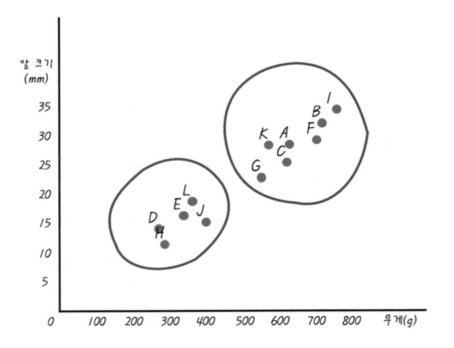

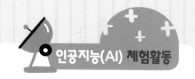

5 3번과 기준을 다르게 하여 그래프에 표시해봅시다.

예 3번에서 '알 크기'와 '무게'로 그래프를 그렸다면, 이번에는 '알 크기'와 '당도'로 그래프를 그려봅시다.

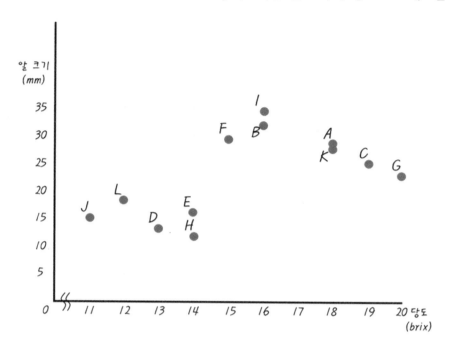

6 과일을 두 묶음으로 묶고, 4번 과정과 묶음이 같은지 비교해봅시다. 만약 과일 묶음이 각각 '포도'와 '거봉'이라면 어떤 것이 포도고 어떤 것이 거봉일까요?

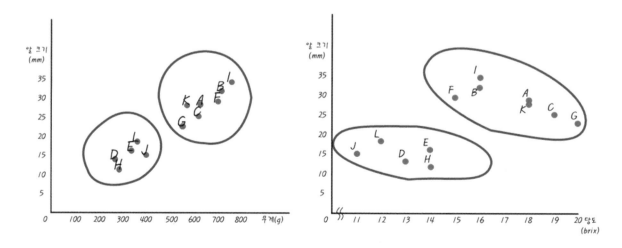

 **인공지능(AI)이 스스로 특징을 찾아내는 비지도학습**

Q. 비지도학습이란 무엇일까요?

비지도학습은 인공지능(AI)에게 데이터를 제공할 때 답을 알려주지 않고, 인공지능(AI) 스스로 데이터의 특징을 발견하여 특징이 비슷한 것끼리 묶는 방식을 말합니다.

강아지와 고양이 사진을 입력하였을 때, 인공지능(AI)은 사진들이 강아지인지, 고양이인지 바로 알지 못합니다. 눈동자의 크기, 귀의 모양, 털 색, 수염의 유무 등의 특징을 관찰하여 특징이 비슷한 동물끼리 묶습니다. 이 때, 인공지능(AI)이 동물을 강아지와 고양이로 나누었더라도, 각 그룹을 '강아지'와 '고양이'라고 이름 짓지는 않습니다.

Q. 인공지능(AI)은 어떻게 데이터를 비슷한 것끼리 묶을까요?

데이터를 좌표 위에 나타내었을 때, 데이터 간의 거리가 가깝다면 특징이 비슷하다는 것이고, 거리가 멀다면 특징이 다르다는 것입니다. 인공지능(AI)은 데이터들의 거리를 잰 후, 가까운 것끼리 묶어 그룹을 만듭니다.

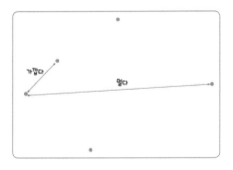

Q. 비지도학습을 어떻게 활용할 수 있을까요?

비지도학습은 인터넷 뉴스를 테마별로 분류하거나, 녹음파일에서 사람의 음성과 잡음을 구분하는 것처럼 특징에 따라 그룹을 나눌 때 유용하게 활용될 수 있습니다. 또한 사람이 구분할 수 없는 데이터들의 특징을 찾아 여러 묶음으로 나눌 때 사용되기도 합니다.

Q. 과일 카드를 살펴보고, 특징을 관찰해봅시다.

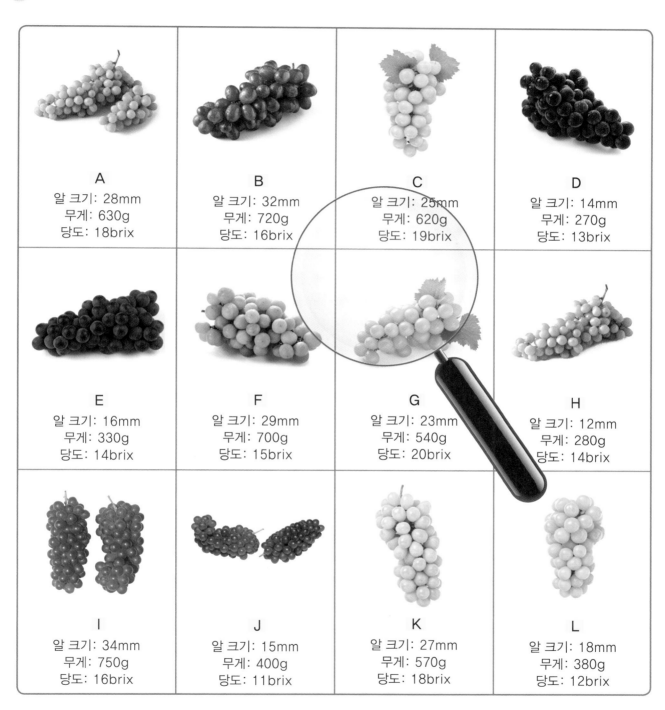

A	B	C	D
알 크기: 28mm 무게: 630g 당도: 18brix	알 크기: 32mm 무게: 720g 당도: 16brix	알 크기: 25mm 무게: 620g 당도: 19brix	알 크기: 14mm 무게: 270g 당도: 13brix
E	F	G	H
알 크기: 16mm 무게: 330g 당도: 14brix	알 크기: 29mm 무게: 700g 당도: 15brix	알 크기: 23mm 무게: 540g 당도: 20brix	알 크기: 12mm 무게: 280g 당도: 14brix
I	J	K	L
알 크기: 34mm 무게: 750g 당도: 16brix	알 크기: 15mm 무게: 400g 당도: 11brix	알 크기: 27mm 무게: 570g 당도: 18brix	알 크기: 18mm 무게: 380g 당도: 12brix

Q. A~L 과일의 알 크기, 무게, 당도를 각각 수직선에 표시하고, 두 묶음으로 묶어봅시다. 두 묶음으로 나누기 쉬운 기준은 무엇인가요?

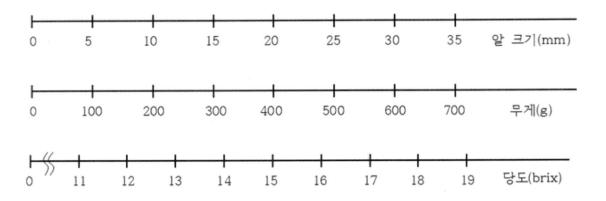

Q. A~L 과일의 알 크기, 무게, 당도 중 기준 2가지를 골라 과일을 그래프에 표시하고, 두 묶음으로 묶어봅시다.

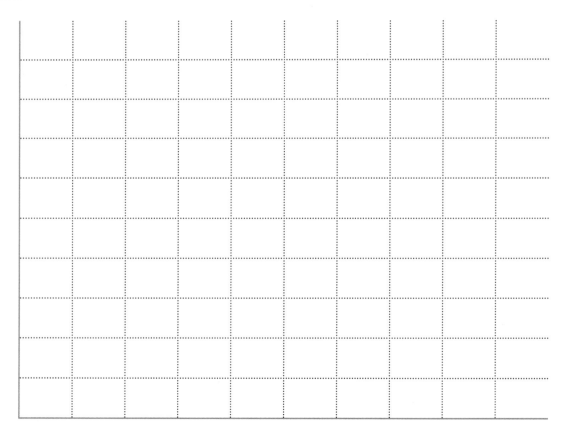

Q. 기준을 다르게 하여 과일을 그래프에 표시하고, 두 묶음으로 나누어봅시다. 앞에서 나눈 묶음과 같은지 비교해봅시다.

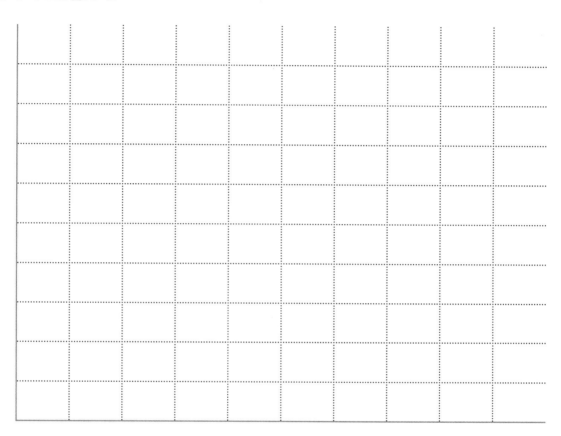

Q. 두 묶음으로 나눈 것중 포도와 거봉은 각각 무엇일까요?

Q. 또 어떤 과일을 비지도학습으로 나눌 수 있을까요?

11

알파고는 어떻게 이세돌을 이겼을까?

* 3×3 길찾기 게임을 통해 인공지능(AI)의 알고리즘을 체험할 수 있습니다.
* 바둑 인공지능(AI) 알파고에 적용된 강화학습을 이해할 수 있습니다.

관련 부록 261~263쪽

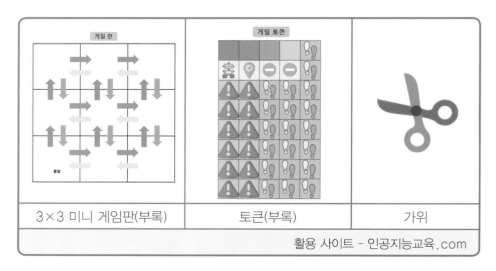

게임 판	게임 토큰	
3×3 미니 게임판(부록)	토큰(부록)	가위

활용 사이트 - 인공지능교육.com

Preview 이렇게 활동해 봅시다. ⭐

오늘의 인공지능(AI)

강화학습은 인공지능(AI)이 학습하는 방법 중 하나로, 선택 가능한 여러 행동들 중 보상을 최대화하는 행동을 선택하는 방법입니다. 인공지능(AI)은 자신의 선택에 대해 지속적으로 평가하여 학습이 지속될수록 승리할 확률이 높아집니다.

활동안내

활동시간 : 30분 ~ 40분
관련교과 : 체육 건강 영역

활동방법

* 인공지능(AI)이 되어 3×3 길 찾기 게임을 해봅시다. 게임을 하며 어떻게 인공지능(AI)이 빠르게 도착하는 방법을 알게 되는지 생각해 봅시다.

❶ 게임 준비 및 규칙 알기　　　　　　❷ 게임하기

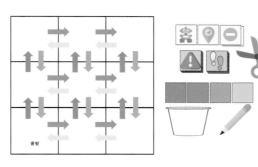

라운드	사용한 발자국 토큰의 개수
1	16
2	
3	
4	
5	
6	
7	

❸ 게임 결과 기록하기　　　　　　❹ 강화학습 이해하기

3×3 길찾기 게임

준비 1 게임판과 게임 토큰, 종이컵, 연필을 준비합니다. 게임 토큰은 가위로 잘라 종류별로 모아둡니다.

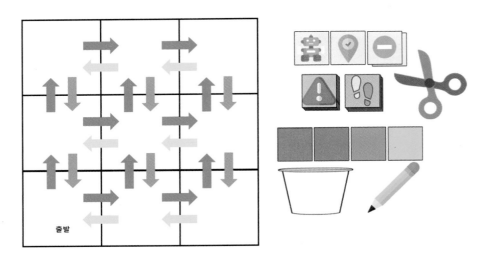

준비 2 인공지능(AI) 토큰을 출발 칸에 놓고, 목적지 토큰과 정지 토큰을 각각 임의의 빈칸에 하나씩 놓습니다. 단, 2개의 정지 토큰이 출발 칸이나 목적지 칸을 둘러싸지 않도록 합니다.

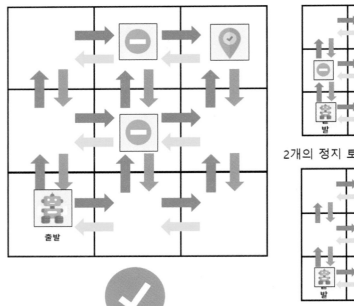

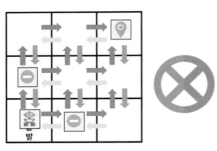

2개의 정지 토큰이 출발 칸을 둘러쌈

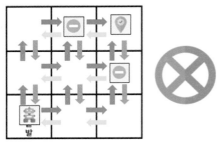

2개의 정지 토큰이 목적지 칸을 둘러쌈

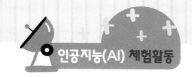

1 게임의 목표는 인공지능(AI) 토큰을 목적지까지 빠르게 이동시키는 것입니다. 목적지와 정지 토큰의 위치를 알지 못하는 상태에서, 현재 위치에서 한 칸씩 무작위로 이동하면서 인공지능(AI) 토큰이 목적지에 도착하면 한 라운드가 종료됩니다.

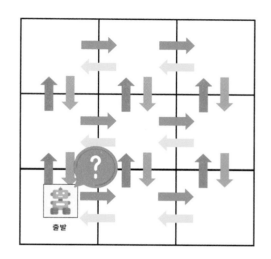
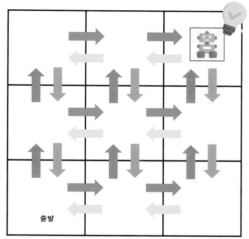

2 출발 칸을 보면 인공지능(AI) 토큰은 빨강, 초록의 방향으로만 이동할 수 있습니다. 이런 경우 빨강 토큰과 초록 토큰을 종이컵에 넣습니다.

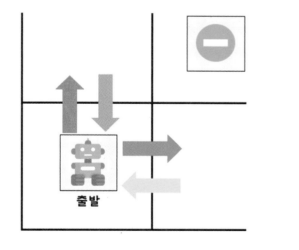

3 눈을 감은 상태에서 종이컵에서 토큰 하나를 뽑습니다. 그런 다음 뽑은 토큰의 색 화살표 위에 발자국 토큰 하나를 놓고 인공지능(AI) 토큰을 한 칸 이동시킵니다.

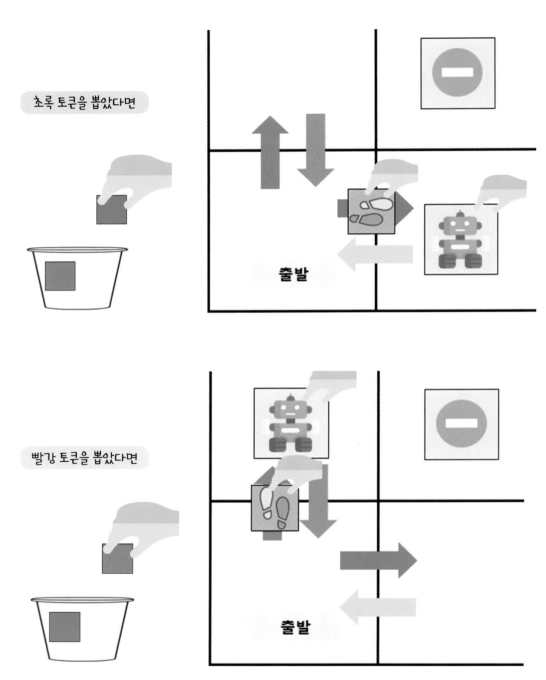

4 새로운 칸에 도착한 후 갈 수 있는 방향에 따라 종이컵에 넣는 토큰의 색이나 개수를 조절합니다. 맨 처음 출발선에 있을 때인 첫 번째 그림은 빨강, 초록 토큰만 넣었지만 두 번째 그림은 갈 수 있는 곳이 세 군데이므로 빨강, 초록, 노랑 토큰을 넣습니다(이 책에서는 3번에서 초록 토큰을 뽑은 것으로 간주하고 설명합니다).

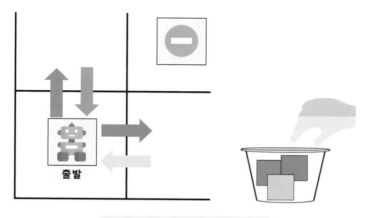

빨강, 초록의 방향으로 이동 가능

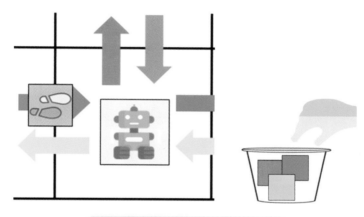

노랑, 빨강, 초록의 방향으로 이동가능

5 단, 인공지능(AI) 토큰이 다음 3가지 상황에는 앞의 규칙을 따르지 않습니다. 자세한 설명은 **6**, **7**번에 있습니다.

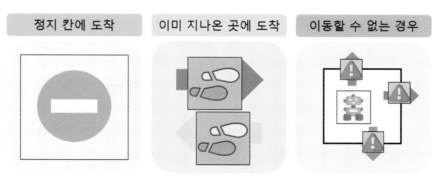

정지 칸에 도착   이미 지나온 곳에 도착   이동할 수 없는 경우

6 이런 경우 인공지능(AI) 토큰을 출발 칸으로 복귀시키고 이번 라운드에 사용했던 발자국 토큰을 모두 거두어 출발 칸 아래에 놓습니다. 그런 다음 마지막으로 이동한 화살표에는 경고 토큰을 놓습니다. 이후로 경고 토큰이 놓인 화살표 방향으로는 이동하지 못합니다.

종이컵에 3개의 토큰이 있는 상태에서 다시 눈을 감고 하나의 토큰을 뽑습니다.

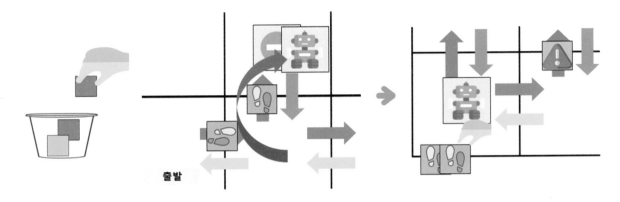

빨강 토큰을 뽑게 되면 인공지능(AI) 토큰은 정지 칸에 도착하게 됩니다.

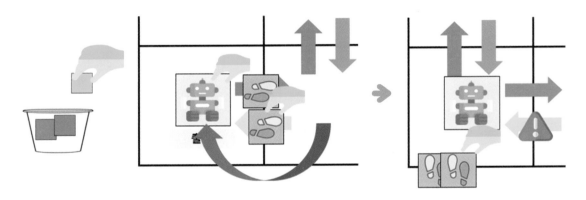

노랑 토큰을 뽑게 되면 이미 지나온 칸에 도착하게 됩니다.

7 위의 상황에서 초록, 파랑 화살표에는 경고 토큰이 놓여 있으므로 이동할 수 없습니다. 따라서 인공지능(AI) 토큰을 빨강 방향으로 이동합니다. 다음 상황에서 이동할 수 있는 모든 화살표에 경고 토큰이 놓여 있어 어느 곳으로도 이동할 수 없습니다. 이 경우 이번 라운드에 사용했던 발자국 토큰을 모두 모아 출발 칸 아래에 모읍니다. 인공지능(AI) 토큰은 출발 칸으로 옮기고 마지막으로 이동한 화살표에는 정지 토큰을 놓습니다.

그림과 같은 경우 초록, 파랑 화살표의 경고 토큰 때문에
빨간 화살표 방향으로만 이동 가능하므로 종이컵에는 빨강 토큰만 있습니다.

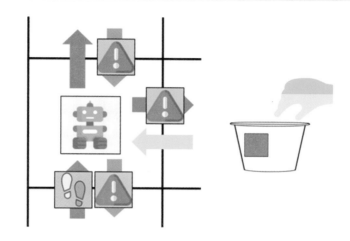

그림과 같은 경우 모든 화살표에 경고 토큰이 놓여 있어 어느 곳으로도 이동할 수 없습니다.
이때에도 로봇 토큰을 출발 칸으로 복귀시키고
발자국 토큰을 모두 거두어 출발 칸 아래에 놓습니다.

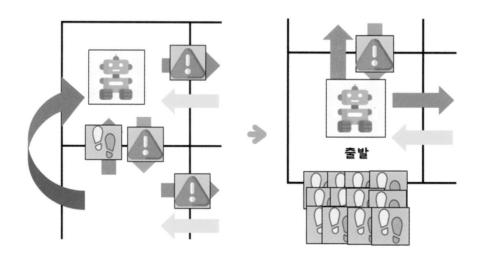

8 이와 같은 방식으로 게임을 진행하여 인공지능(AI) 토큰이 목적지 칸에 도착하면 한 라운드가 종료됩니다. 라운드가 종료되면 이번 라운드에서 사용한 모든 발자국 토큰의 개수를 세어 기록하고 게임판에서 제거합니다. 단, 게임판에 놓여진 경고 토큰은 라운드가 종료되어도 제거하지 않습니다.

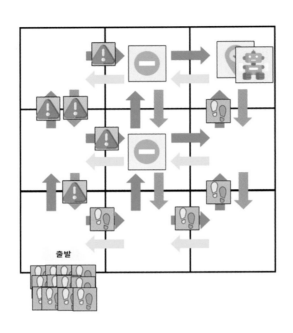

라운드	사용한 발자국 토큰의 개수
1	16
2	
3	
4	
5	
6	
7	

9 인공지능(AI) 토큰을 출발 칸에 놓고 다음 라운드를 시작합니다. 1라운드와 동일한 규칙으로 계속해서 진행하면서 사용한 발자국 토큰의 개수에 어떤 변화가 나타나는지 살펴봅니다.

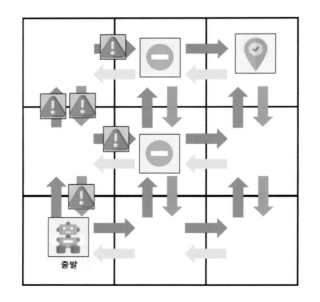

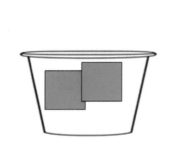

10 환경을 바꾸기 위해 목적지 토큰과 정지 토큰의 위치를 바꾸어봅니다. 정지 토큰의 개수를 바꿀 수도 있습니다.

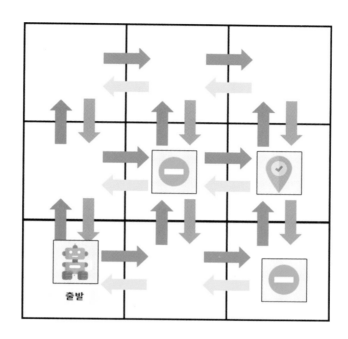

11 변화된 환경에서 게임을 실행해보며 어떤 결과가 나타나는지 확인합니다.

게임 판

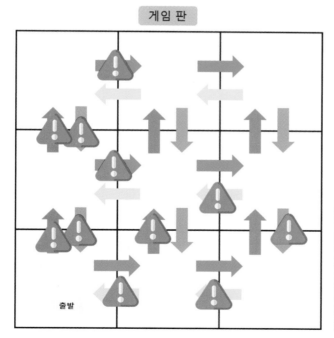

라운드	사용한 발자국 토큰의 개수
1	16
2	11
3	12
4	4
5	4
6	4
7	4

Q. 현재 상태 관찰하기

인공지능(AI)은 달성할 목표, 현재 상태에서 선택할 수 있는 선택지를 확인합니다.

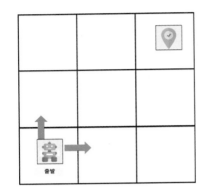

Q. 행동 선택하기

기준에 따라 행동을 선택합니다. 이때 기준은 목표를 달성하기에 가장 효과적인 행동을 선택하는 것입니다. 따라서 경고 카드가 놓인 색의 토큰은 뽑지 않습니다.

Q. 행동하고 보상받기

선택에 따라 행동을 실행하고 보상을 받습니다. 발자국 토큰은 나쁜 보상이므로 적게 받을수록 좋습니다. 따라서 인공지능(AI)은 발자국 토큰을 가능한 한 적게 받는 방법을 학습합니다.

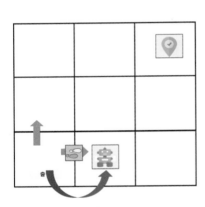

Q. 보상을 통해 정보를 수정하기

인공지능(AI) 토큰이 이동한 칸이 정지 칸, 이미 지나온 칸 또는 더 이동할 수 없는 칸이라면 출발선으로 복귀하게 되므로 발자국 토큰을 더 많이 받게 됩니다. 따라서 경고 토큰을 놓아 이런 칸에 다시 가지 않도록 합니다. 라운드가 지날수록 발자국 토큰의 수가 감소하는 이유는 이런 방식으로 인공지능(AI)이 목표 달성을 위한 효과적인 방법을 학습하기 때문입니다.

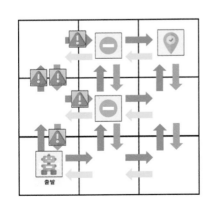

Q. 인공지능(AI)은 어떻게 목적지 칸에 도착할 수 있었을까요?

Q. 라운드가 진행되면서 사용한 발자국 토큰의 개수에 어떤 변화가 나타났나요?

Q. 책에 있는 길 찾기 이외에 인공지능(AI)이 학습을 통해 해결할 수 있는 문제에는 어떤 것이 있을까요?

Section 12

컴퓨터가 사진을 이해하는 방법을 알아봅시다.

* 컴퓨터가 사진을 이해하고, 이를 통해 학습하는 합성곱 신경망(CNN, Convolutional Neural Network)을 이해할 수 있습니다.

관련 부록 259쪽

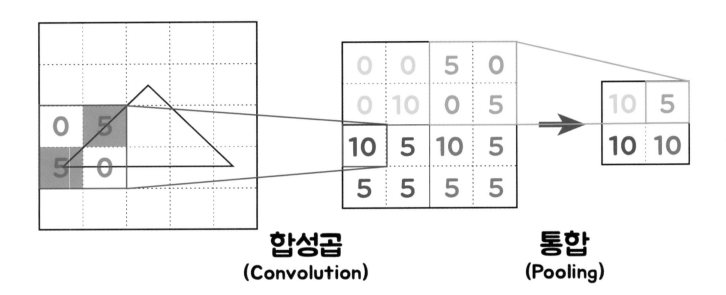

합성곱
(Convolution)

통합
(Pooling)

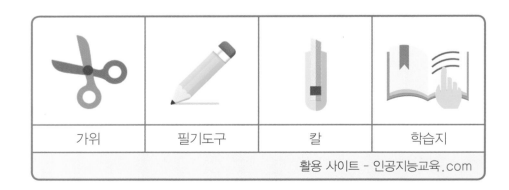

가위	필기도구	칼	학습지

활용 사이트 – 인공지능교육.com

오늘의 인공지능(AI)

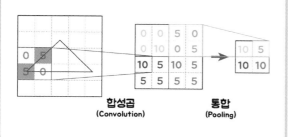

합성곱
(Convolution)

통합
(Pooling)

CNN(Convolutional Neural Network, 합성곱 신경망)은 '사진의 특징 추출'과 '단순화'를 반복하면서 정보를 받아들이는 방법입니다.

이미지로 표현될 수 있는 모든 정보는 CNN을 통해 학습할 수 있습니다.

활동안내

활동시간 : 15분 ~ 20분

관련교과 : 미술 표현 영역

활동방법

* 합성곱 신경망을 활용해 사진을 전달하며 인공지능(AI)이 사진에 담긴 정보를 어떻게 이해하는지 생각해 봅시다.

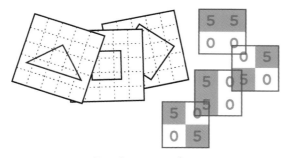

❶ 도형과 필터 확인

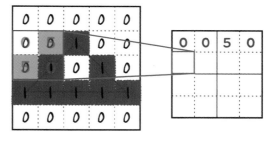

❷ 필터로 합성곱 하기

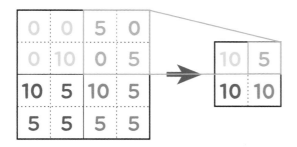

❸ 특징맵 통합하기

❹ 도형의 특징 확인하기

준비하기

5×5 칸에 그려진 도형과 필터를 확인합니다. 필터를 활용해 도형의 각 부분이 필터와 같은 모양을 포함하는지 찾을 수 있습니다. 이번 활동에서는 4가지 종류의 필터를 사용합니다.

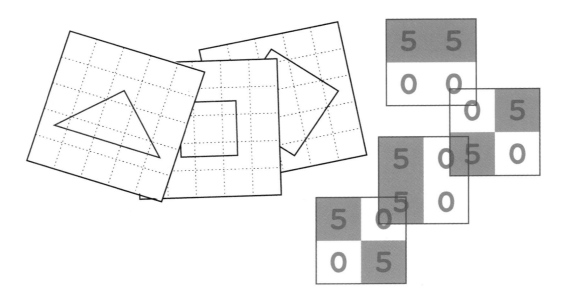

TIP 4가지 필터를 사용하는 이유

우리가 사용하는 도형과 문자를 여러 조각으로 나눠 분류해 보면 가로 세로 대각선이 많이 포함된 것을 알 수 있습니다. 따라서 가로 세로 대각선 모양의 필터를 사용하면 사진을 이해하는 원리를 찾을 수 있습니다.

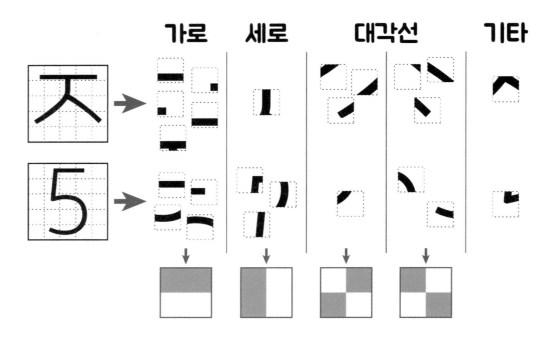

합성곱·통합하기

1 도형 그림을 보고 선이 지나가는 자리를 색칠해 봅시다. 색칠한 곳의 값은 1, 색칠하지 않은 곳의 값은 0으로 정합니다.

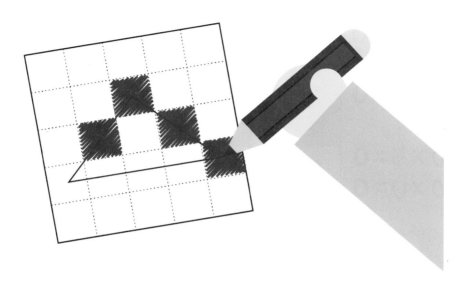

2 필터를 하나 선택해서 5×5 칸에 그려진 도형 왼쪽 가장 위에 칸에 겹쳐 놓습니다.

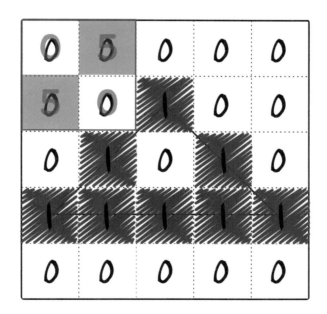

3 겹쳐지는 칸의 값과 필터의 값을 곱합니다. 곱하여 나온 모든 값을 더해 4×4 특징맵 왼쪽 가장 위에 칸에 적습니다. 숫자가 높을수록 필터와 같은 형태를 포함한다는 의미입니다.

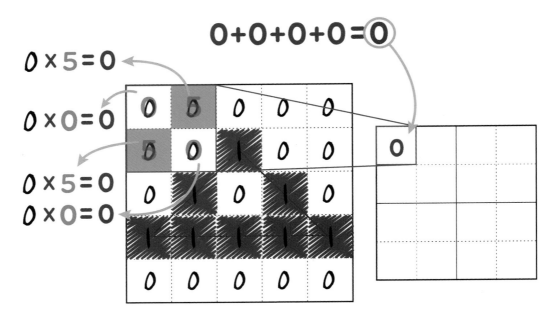

4 필터를 오른쪽으로 한 칸씩 옮기며 동일한 방법으로 특징맵을 채워갑니다.

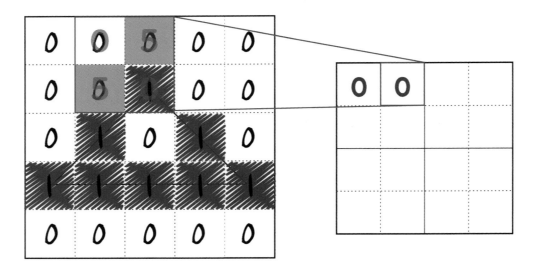

5 오른쪽 끝까지 갔으면 한 칸 내려와 반복합니다.

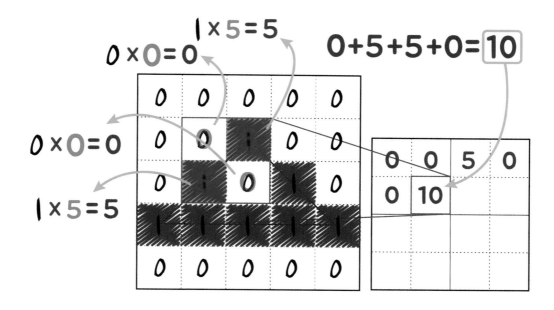

6 한 가지 필터로 검출이 끝났다면 남은 3가지 필터를 활용해 같은 방법으로 특징맵을 채웁니다.
이 과정을 '합성곱'이라고 합니다.

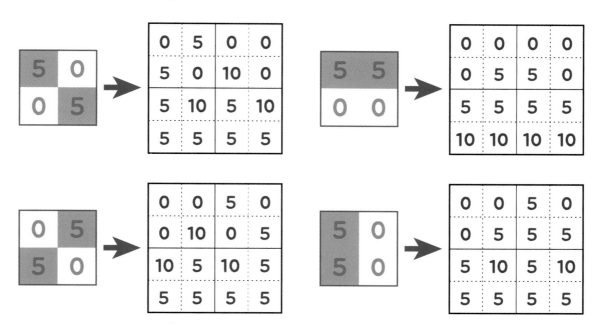

7 각각의 특징맵을 4개의 구역으로 나누고 그 중에서 가장 큰(특징적인) 값을 뽑아 2×2칸에 씁니다. 각 구역마다 가장 큰 값이 다른 특징들을 대표합니다. 이 과정을 통합(Pooling)이라고 합니다. 나머지 특징 맵에 대해서도 동일한 과정을 반복합니다.

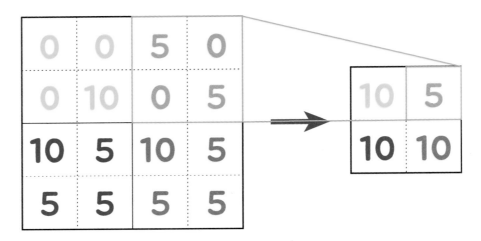

8 이 값들이 왼쪽 도형에 대해 인공지능(AI)이 이해한 도형의 특징입니다. 살펴보면 대각선 필터의 값이 가로와 세로 필터값보다 큰 것을 알 수 있습니다.

그러므로 이 도형의 모습은 가로와 세로보다 대각선 형태가 더 많이 포함되었다고 인공지능(AI)은 판단합니다.

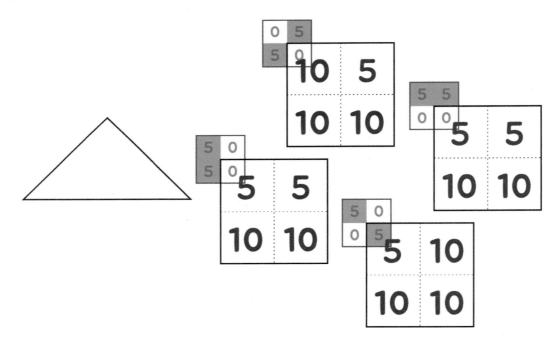

9 같은 방법으로 정사각형 도형을 CNN 과정을 통해 특징을 파악하면 그림과 같은 결과가 나타납니다. 가로 필터의 값이 대각선 필터의 값보다 큰 것으로 보아 인공지능(AI)은 이 도형에 가로, 세로의 특징이 많다고 판단할 것입니다.

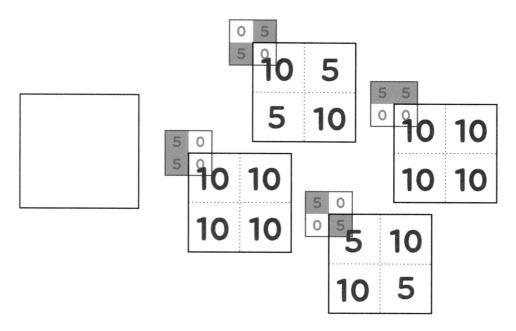

10 마찬가지로 마름모 도형을 CNN 과정을 통해 특징을 파악하면 그림과 같은 결과가 나타납니다. 삼각형 필터와 비교하여 가로, 세로 필터의 값이 적고 대각선 필터의 값이 큰 것으로 보아 이 도형은 대각선의 특징이 더 많다고 판단할 것입니다.

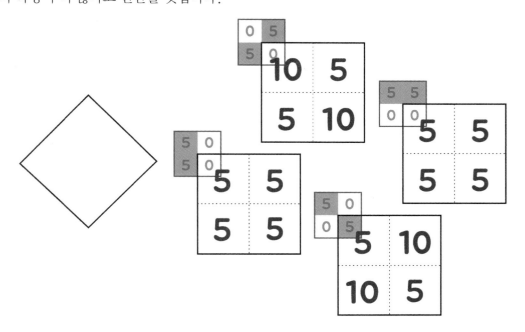

컴퓨터는 사진을 어떻게 이해할까?

Q. 합성곱(CNN, Convolutional Neural Network)이란 무엇일까요?

필터가 사진을 지나가면서 사진의 특징을 찾는데 이러한 과정을 합성곱이라고 합니다. 합성곱은 사람의 뇌에서 시각을 받아들이는 '시각피질' 구조를 모방하여 만든 방법입니다.

Q. 컴퓨터는 어떤 과정을 통해 사진을 이해할까요?

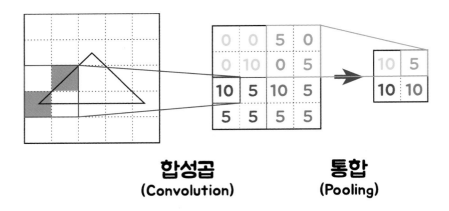

합성곱
(Convolution)

통합
(Pooling)

합성곱 신경망은 '합성곱(convolution)과 통합(Pooling)'을 반복하면서 이미지에서 정보를 찾습니다.

이때, 합성곱은 이미지에서 특징을 추출하는 과정이고, 통합은 합성곱을 거친 데이터를 단순화시키는 과정입니다. 이 두 과정을 반복하면서 데이터는 점점 추상화됩니다.

Q. 합성곱(CNN, Convolutional Neural Network)을 어디에 활용할 수 있을까요?

합성곱 신경망은 이미지로 표현 될 수 있는 모든 정보를 효과적으로 처리할 수 있습니다. 따라서 각종 포털사이트에서 제공하는 이미지 기반 검색이나 사람의 얼굴을 인식하고 구분하는 많은 작업에 활용할 수 있습니다.

Q. 필터를 활용해 주어진 도형을 합성곱·통합해 봅시다.

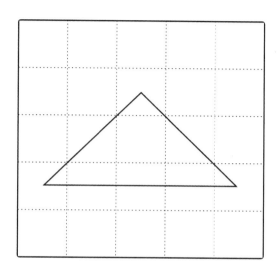

〈필터〉   〈특징맵〉   〈통합결과〉

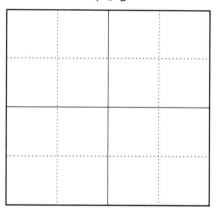
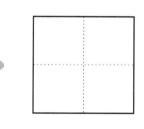

〈필터〉   〈특징맵〉   〈통합결과〉

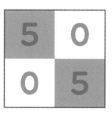
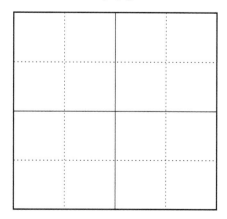
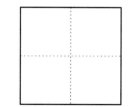

〈필터〉 〈특징맵〉 〈통합결과〉

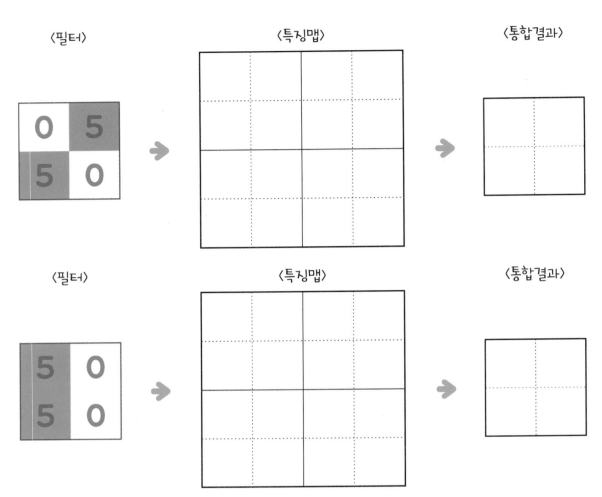

Q. 필터를 활용해 주어진 도형을 합성곱 · 통합해 봅시다.

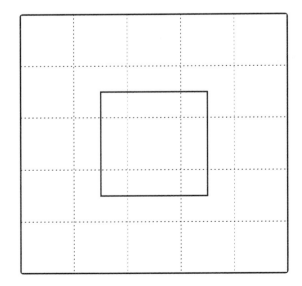

〈필터〉   〈특징맵〉   〈통합결과〉

5	5
0	0

〈필터〉   〈특징맵〉   〈통합결과〉

5	0
0	5

〈필터〉   〈특징맵〉   〈통합결과〉

0	5
5	0

〈필터〉　　　　　〈특징맵〉　　　　　〈통합결과〉

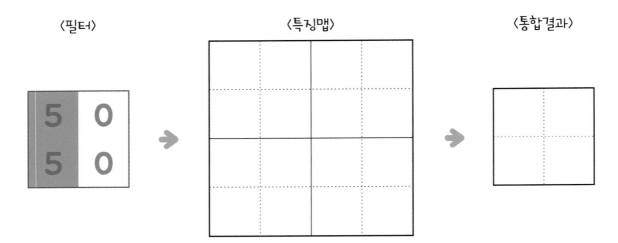

Q. 필터를 활용해 주어진 도형을 합성곱·통합해 봅시다.

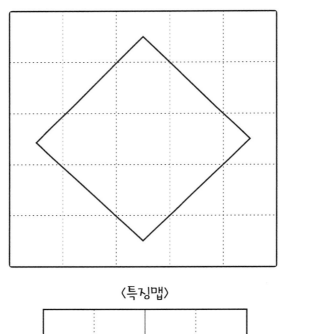

〈필터〉　　　　　〈특징맵〉　　　　　〈통합결과〉

〈필터〉 〈특징맵〉 〈통합결과〉

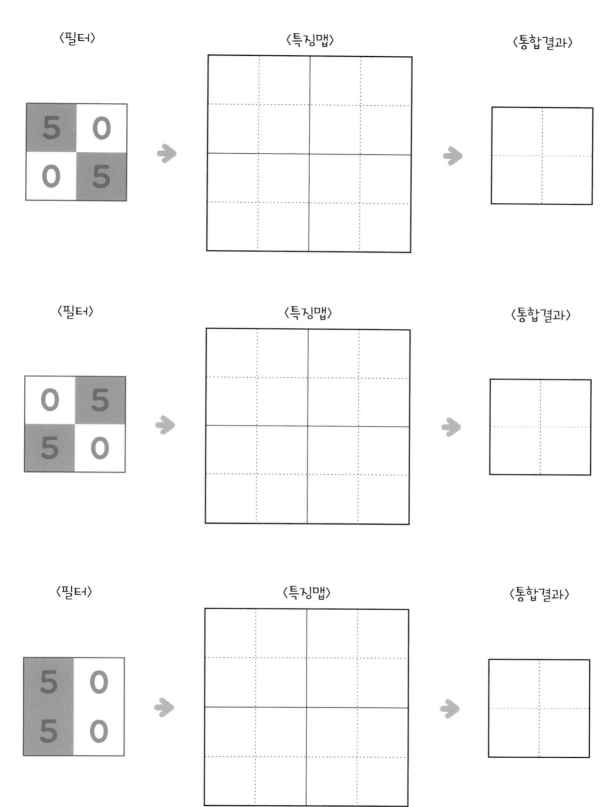

〈필터〉 〈특징맵〉 〈통합결과〉

〈필터〉 〈특징맵〉 〈통합결과〉

Q. 다양한 사각형을 그려보고 합성곱·통합해 봅시다.

〈사각형 1〉

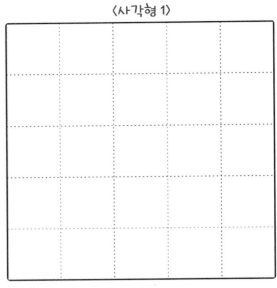

〈필터〉 　〈특징맵〉 　〈통합 결과〉

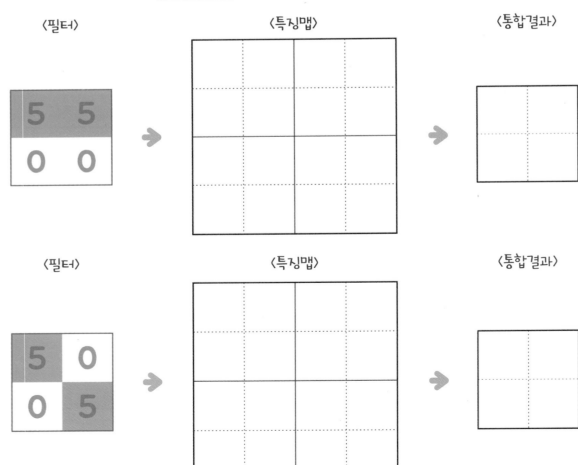

〈필터〉 　〈특징맵〉 　〈통합결과〉

〈필터〉　　　　　　　　　　〈특징맵〉　　　　　　　　　　〈통합결과〉

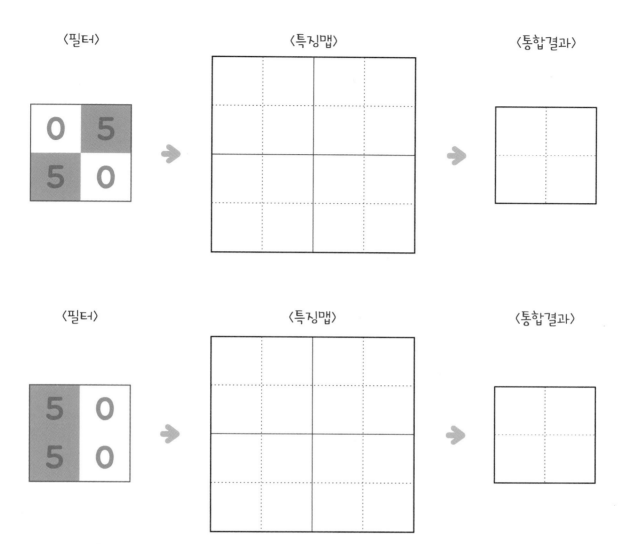

〈필터〉　　　　　　　　　　〈특징맵〉　　　　　　　　　　〈통합결과〉

〈사각형 2〉

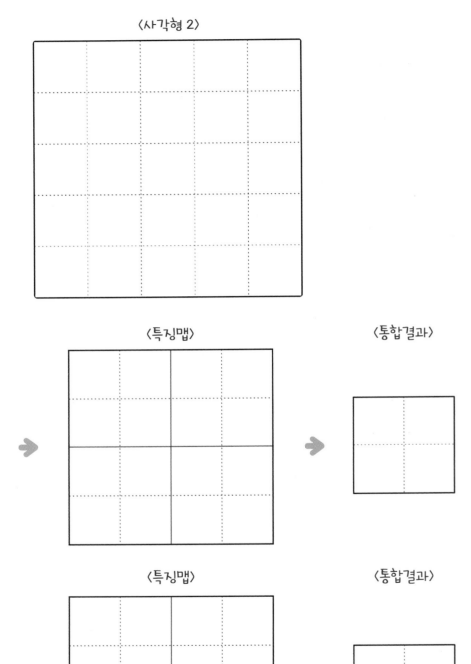

〈필터〉 　 〈특징맵〉 　 〈통합결과〉

〈필터〉 　 〈특징맵〉 　 〈통합결과〉

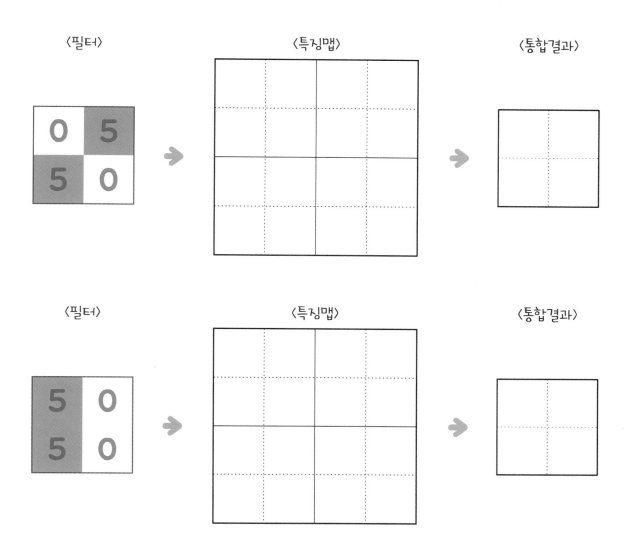

〈필터〉　　　　　　　　〈특징맵〉　　　　　　　　〈통합결과〉

〈필터〉　　　　　　　　〈특징맵〉　　　　　　　　〈통합결과〉

Q. 새로 그린 도형을 잘 구분할 수 있나요? 잘 구분하기 위해서 어떻게 해야할까요?

완벽한 위조지폐를 만들어봅시다.

✱ 위조지폐를 만들고 감별하는 과정을 통해 생산적 적대 신경망(GANs, Generative Adversarial Networks)의 원리를 이해할 수 있습니다.

관련 부록 259쪽

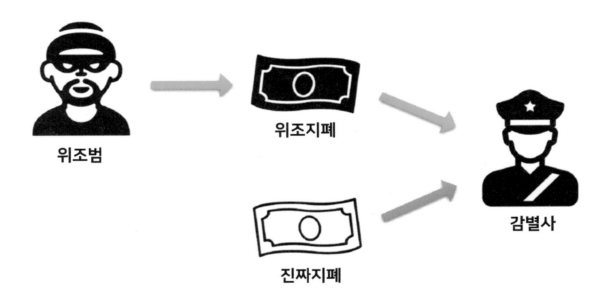

| 위조범 | 위조지폐 | |
| 진짜지폐 | | 감별사 |

가위	필기도구	학습지
활용 사이트 - 인공지능교육.com		

Preview 이렇게 활동해 봅시다.

오늘의 **인공지능(AI)**

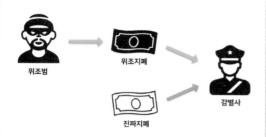

생산적 적대 신경망(GANs, Generative Adversarial Networks)은 딥러닝(Deep learning) 중 하나로 생산자(Generator)와 판별자(Discriminator)가 서로 경쟁하면서 발전하는 것을 말합니다.

활동안내

활동시간 : 15분 ~ 20분
관련교과 : 미술 체험 영역

활동방법

* 생산적 적대 신경망(GANs, Generative Adversarial Networks)을 활용하여 위조지폐를 만들고 감별해 봅시다.

❶ 역할 나누기

❷ 위조지폐 만들기/감별하기

❸ 위조지폐 수정하기

❹ 완벽한 위조지폐 만들기

위조지폐 만들고 감별하기

1 위조지폐를 만들 위조범과 진짜 지폐와 위조지폐를 구별할 감별사를 정합니다.
위조범은 학습지1을, 감별사는 학습지2를 받습니다. 자신의 학습지는 상대에게 보여주지 않습니다.

위조범

감별사

2 감별사는 학습지2를 통해 진짜 지폐의 특징을 확인하고, 위조범은 학습지1의 지폐 데이터를 바탕으로 지폐가 어떤 요소로 이루어져있는지 확인합니다.

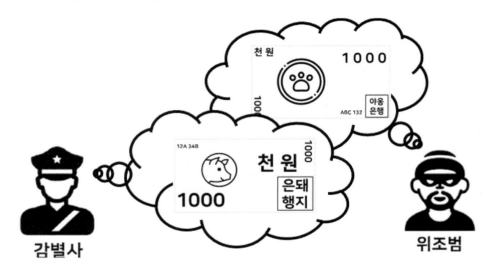

3 위조범은 학습지1의 보기를 참고하여 모눈종이에 위조지폐를 그립니다.

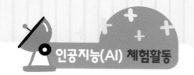

4️⃣ 위조범은 자신이 만든 위조지폐를 감별사에게 보여줍니다. 감별사는 위조지폐의 틀린 점을 위조범에게 알려주고 기록합니다. 이때 진짜 지폐를 위조범에게 보여주면 안됩니다.

5️⃣ 위조범은 감별 받은 내용을 바탕으로 위조지폐를 수정합니다.

6️⃣ 위조범은 수정한 위조지폐를 감별사에게 보여줍니다. 감별사는 수정된 위조지폐의 틀린 점을 위조범에게 다시 알려주고 기록합니다. 위조범은 완벽한 위조지폐가 만들 때까지 앞의 과정(5️⃣~6️⃣번)을 반복합니다.

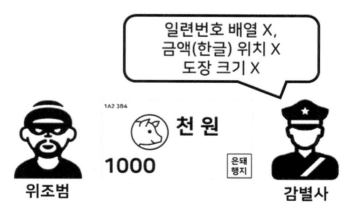

7 위조지폐 제작을 반복할수록 위조범의 실력이 향상되어 완벽한 위조지폐를 만들 수 있게 됩니다.

8 위조지폐 감별을 반복할수록 감별사의 실력 또한 함께 향상됩니다. 감별사의 실력 확인을 위해 학습지3을 이용해 여러 위조지폐 중 진짜 지폐를 찾아보도록 합니다.

인공지능(AI) 이해하기 서로 발전하는 인공지능 GANs

Q. 생산적 적대 신경망(GANs, Generative Adversarial Networks)이란?

위조범 → 위조지폐 → 감별사

진짜지폐

생산적 적대 신경망(GANs, Generative Adversarial Networks)은 딥러닝(Deep learning) 중 하나로 생산자(G, Generator)와 판별자(D, Discriminator)가 서로 경쟁하며 발전하는 것을 말합니다.

생산자(위조범 역할)는 데이터를 학습하여 실제와 유사한 결과물을 만들고 판별자(감별사 역할)는 생산자의 결과물과 실제 데이터를 식별하는 가운데 서로 발전하게 됩니다.

Q. 생산적 적대 신경망(GANs, Generative Adversarial Networks)을 어떻게 활용할 수 있을까요?

실제와 구별하기 힘들 정도의 그림을 그리거나 사진, 영상을 만들 수 있습니다.

〈인공지능(AI)이 그린 그림과 사진〉

Q. 생산적 적대 신경망(GANs, Generative Adversarial Networks)이 실제와 유사한 무언가를 만들어낸다면 어떤 문제가 발생할까요? 그렇다면 이를 해결할 수 있는 방법은 무엇이 있을까요?

미국의 한 영화감독은 오바마 미국 전 대통령이 트럼프 미국 대통령을 비방하는 영상을 제작하여 가짜 영상의 위험성을 알렸습니다. 이처럼 유명인의 사진이나 영상을 만들어 허위사실을 유포하게 되면 많은 사람들이 거짓을 믿게 되거나 갈등이 발생할 수 있습니다. 또한 이런 현상이 일반화되면 실제 영상에 대한 신뢰성까지 떨어지는 문제가 발생할 수 있습니다.

이러한 문제를 해결하기 위해 가짜 이미지나 영상을 구별하기 위한 인공지능(AI)이 개발 중에 있습니다. 또한 인공지능(AI)을 바르게 사용하기 위한 윤리 규범을 만들기도 합니다.

Q. 위조범은 오른쪽 그림과 같은 지폐 형태를 보고 〈부록〉을 활용하여 진짜 지폐로 생각되는 위조지폐를 만들어봅시다.

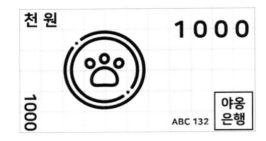

Q. 감별사(B)에게 위조지폐를 보여준 후 무엇이 잘못되었는지 확인하여 위조지폐를 수정해봅시다. 여러 번 반복하여 완벽한 위조지폐를 만들어봅시다.

회차	금액(가로)		금액(세로)		금액(한글)		은행도장		로고		일련번호	
	크기	위치	크기	위치	크기	위치	크기	위치	크기	위치	크기	위치
예시	O	X	O	X	X	O	O	X	X	X	X	O
1회차												
2회차												
3회차												
4회차												
5회차												
6회차												
7회차												

Q. 감별사는 위조지폐를 구별하기 위해 진짜 지폐를 잘 살펴봅니다.

Q. 감별사는 지폐 데이터를 보고 분석해봅시다. 어떤 요소들이 어떻게 배치되어 있나요?

- -

- -

- -

Q. 위조범이 가지고 온 위조지폐를 살펴보고 무엇이 잘못되었는지 표시해봅시다.

회차	금액(가로)		금액(세로)		금액(한글)		은행도장		로고		일련번호	
	크기	위치	크기	위치	크기	위치	크기	위치	크기	위치	크기	위치
예시	O	X	O	X	X	O	O	X	X	X	X	O
1회차												
2회차												
3회차												
4회차												
5회차												
6회차												
7회차												

Q. 감별사는 다음 중에서 진짜 지폐를 찾아봅시다.

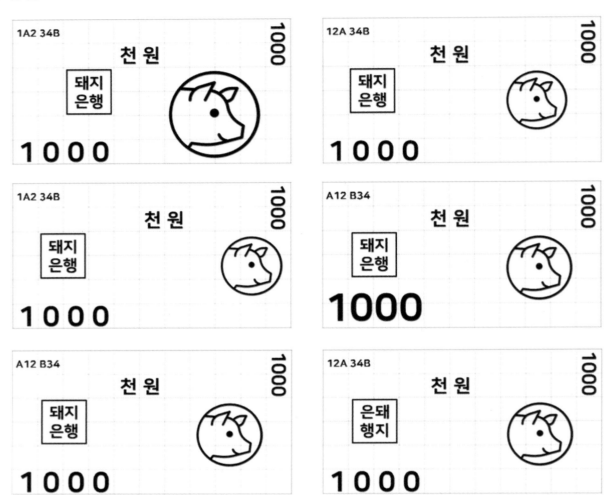

Q. 정답을 잘 찾기 위해서는 어떤 점을 주의 깊게 봐야 할까요?

_____

_____

_____

_____

Q. 생산적 적대 신경망(GANs, Generative Adversarial Networks)은 생산자(G, Generator)와 판별자(D, Discriminator)가 서로 경쟁하며 서로 발전하는 것 말합니다. 이러한 GANs를 어떻게 활용할 수 있을까요?

Q. 생산적 적대 신경망(GANs, Generative Adversarial Networks)이 실제처럼 무언가를 만들어낸다면 어떤 문제가 발생할까요?

Q. 진짜 같은 가짜가 발생했을 때 생기는 문제점을 어떻게 해결 할 수 있을까요?

* 엔트리의 인공지능(AI) 블록을 이용해 실시간 음성인식 번역기를 만들 수 있습니다.

지금 몇시입니까

What time is it now.

인터넷에 연결된 컴퓨터	마이크 또는 마이크가 있는 헤드셋
활용 사이트 - https://playentry.org	

오늘의 인공지능(AI)

엔트리의 인공지능(AI) 블록 중 번역은 텍스트나 음성, 사진 속 문자까지 번역할 수 있는 인공지능(AI) 번역기입니다. 음성 인식을 위한 [오디오 감지], 내용을 말해주기 위한 [읽어주기] 블록을 함께 이용합니다.

활동안내

활동시간 : 15분
관련교과 : 영어 듣기, 말하기 영역

활동방법

* 음성을 인식하는 인공지능(AI) 프로그램을 만들면서 번역기의 원리에 대해 알아봅시다.

```
시작하기 버튼을 클릭했을 때
여성▼ 목소리를 보통▼ 속도 보통▼ 음높이로 설정하기
계속 반복하기
    음성 인식하기
    한국어▼ 음성을 문자로 바꾼 값 을(를) 영어▼ 로 번역하기 을(를) 말하기▼
    한국어▼ 음성을 문자로 바꾼 값 을(를) 영어▼ 로 번역하기 읽어주고 기다리기
    2 초 기다리기
    말하기 지우기
```

❶ 한/영 번역기 프로그래밍하기

What time is it now.

❷ 한국어로 말하고 결과 확인하기

```
시작하기 버튼을 클릭했을 때
여성▼ 목소리를 보통▼ 속도 보통▼ 음높이로 설정하기
계속 반복하기
    음성 인식하기
    영어▼ 음성을 문자로 바꾼 값 을(를) 한국어▼ 로 번역하기 을(를) 말하기▼
    영어▼ 음성을 문자로 바꾼 값 을(를) 한국어▼ 로 번역하기 읽어주고 기다리기
    2 초 기다리기
    말하기 지우기
```

❸ 영/한 번역기 프로그래밍하기

지금 몇시입니까

❹ 영어로 말하고 결과 확인하기

외국인과 대화를 해본 적이 있나요? 몸짓을 사용해가며 간단한 소통까지는 누구든지 할 수 있겠지만 서로의 언어를 모르는 경우에는 깊은 대화를 나누기가 힘듭니다. 최근에는 다양한 번역 프로그램 및 사이트가 발달하면서 우리말을 다른 나라 언어로 쉽게 번역할 수 있게 되었습니다. 하지만 타자를 치는데 걸리는 시간 등으로 인해 즉각적인 소통에는 여전히 한계가 있습니다.

이런 경우에는 실시간 통역을 해주는 인공지능(AI) 프로그램이나 인공지능(AI) 스피커를 활용할 수 있습니다. 인공지능(AI) 번역기가 나의 말을 듣고 실시간으로 번역하여 상대방에게 전달한다면, 소통과 번역에 걸리는 시간을 훨씬 줄이고 효과적인 대화를 나눌 수 있을 것입니다.

이번 시간에는 이렇게 실시간으로 통역을 해주는 인공지능(AI) 번역기를 만들어 보겠습니다.

미리 **체험하기** — 인공지능(AI) 번역기 체험하기

완성된 인공지능(AI) 번역기 프로그램을 실행해봅시다.

완성 프로그램 : bit.ly/음성번역기
씨앗 프로그램 : bit.ly/번역기씨앗

1. 프로그램을 실행하여 "이름이 뭐니?"라고 말해봅시다. 번역된 결과를 적어봅시다.

2. 실시간 음성인식(AI) 번역기에 활용된 인공지능(AI) 기술을 보기에서 찾아봅시다.

[보기]
음성 인식 기술 / 이미지 인식 기술 / 자세 인식 기술 / 문자 읽어주기

어떻게 만들까? ⟳ ─ 인공지능(AI) 번역기 설계하기 ─

1. 실시간 번역 프로그램의 실행과정을 생각해보기

프로그램 실행하기
음성 인식하기

인식한 한국어를 문자로 바꾸기
한글을 영어로 바꾸기

영어 문자 2초간 읽어주기
이 과정을 계속 반복하기

2. 실시간 번역 프로그램을 설계하기

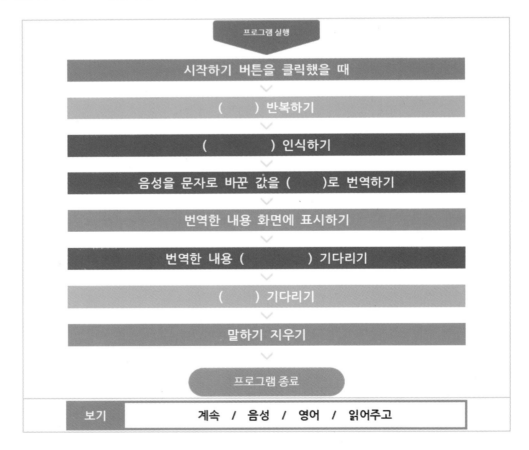

프로그램 실행
시작하기 버튼을 클릭했을 때
(　　　) 반복하기
(　　　　) 인식하기
음성을 문자로 바꾼 값을 (　　　)로 번역하기
번역한 내용 화면에 표시하기
번역한 내용 (　　　　) 기다리기
(　　　) 기다리기
말하기 지우기
프로그램 종료

보기	계속 / 음성 / 영어 / 읽어주고

실시간 음성인식 번역기 만들기

 크롬 브라우저를 실행하고 주소창에 'bit.ly/번역기씨앗'을 입력합니다.

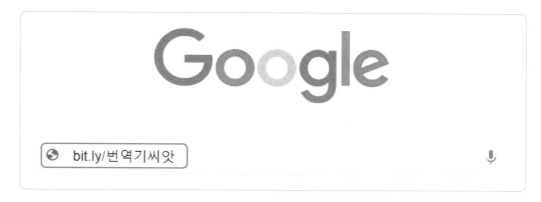

2 엔트리 작품으로 이동하여 코딩을 하기 위해 [코드 보기]를 선택합니다.

157

3 음성인식 번역기에 필요한 오브젝트가 준비되어 있습니다. 오브젝트를 실행하기 위해 필요한 블록을 살펴봅시다.

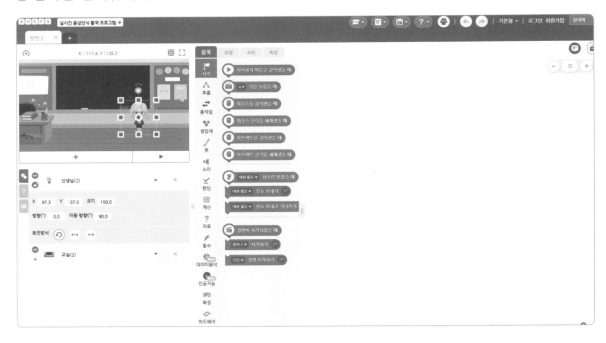

4 인공지능(AI) 블록을 생성하기 위해 블록 중 인공지능(AI)을 클릭한 후 [AI블록 불러오기]를 클릭합니다.

5 [번역], [오디오 감지], [읽어주기]를 선택한 후 [추가하기]를 클릭합니다.

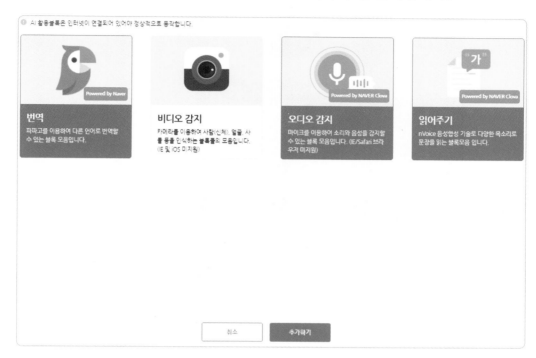

6 생성된 인공지능(AI) 블록들을 확인합니다.

7 컴퓨터에 연결된 마이크의 음성인식이 바르게 작동하는지 확인하기 위해 아래와 같이 프로그 래밍한 후 [시작하기] 버튼을 클릭합니다.

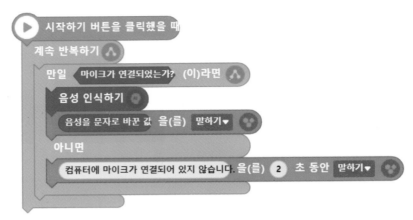

8 마이크에 음성이 입력되도록 '마이크 테스트'라고 말을 해봅니다.

9 만약 마이크의 음성인식이 바르게 작동한다면 왼쪽 그림과 같이 나오고 그렇지 않다면 오른 쪽과 같이 경고 문구가 나타납니다.

음성 인식이 되는 경우

음성 인식이 안되는 경우

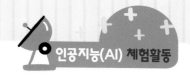
10 내가 말하는 내용을 엔트리가 소리 내어 읽어주도록 '읽어주고 기다리기' 블록을 이용해 프로그 래밍합니다. [시작하기] 버튼을 클릭하고 "Hello Nice to meet you"라고 말한 뒤 인공지능 (AI)이 바르게 말하는지 들어봅시다.

11 '목소리를 속도 음높이로 설정하기' 블록을 1개 추가하여 인공지능(AI)의 목소리와 속도, 음 높이를 바꾸어 봅시다.

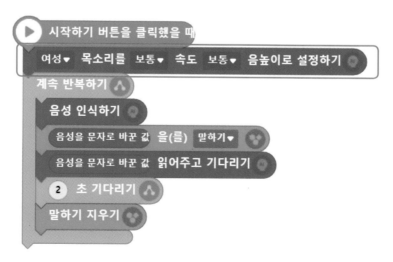

12 나의 말을 따라 말하는 것이 아닌 영어로 번역하여 말하도록 프로그래밍 해봅시다. '한국어 엔트리을(를) 영어로 번역하기' 블록을 이용합니다.

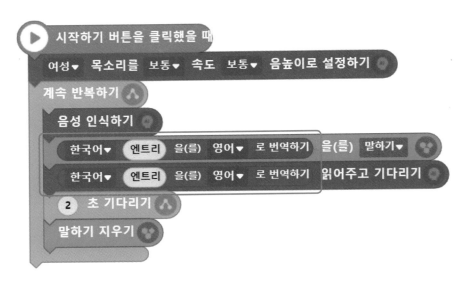

13 엔트리를 영어로 번역하는 것이 아니라 '나의 음성'을 영어로 번역해야 하므로 '음성을 문자로 바꾼 값' 블록을 엔트리 자리에 넣습니다.

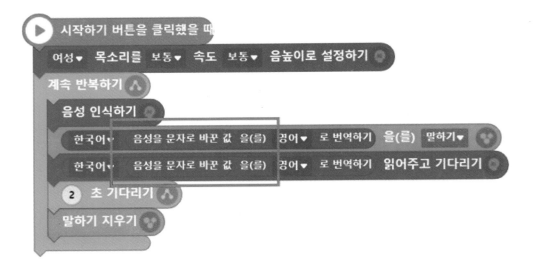

14 [시작하기] 버튼을 클릭하고 "지금 몇 시입니까"라고 말해봅니다. 인공지능(AI) 실시간 번역기가 바르게 작동하는지 확인해봅니다.

15 영어로 말하면 한국어로 번역하는 프로그램을 만들기 위해 아래와 같이 프로그래밍 합니다.

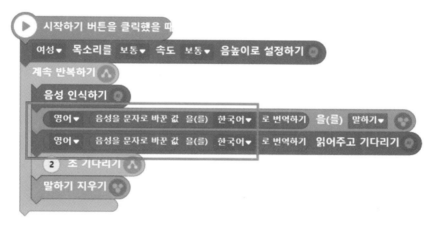

16 [시작하기] 버튼을 클릭하고 "What time is it now"라고 말한 다음 인공지능(AI) 실시간 번역기가 바르게 작동하는지 확인해봅니다.

인공지능(AI) 이해하기 ## 음성인식 서비스(Voice Assistant)

Q. 음성인식 서비스(Voice Assistant)란?

음성인식 서비스(Voice Assistant)는 키보드나 마우스 등의 장치를 이용해 기계에 명령을 내리지 않고 음성(목소리)만으로 기계를 작동시키는 기능을 말합니다.

애플의 시리(Siri), 삼성의 빅스비(Bixvy), 구글의 구글 어시스턴트(Google Assistant), 네이버의 클로바(Clova) 등이 대표적이며 생활 속에서 스마트폰이나 인공지능 스피커, 스마트 TV 등을 통해 음성인식 서비스를 사용할 수 있습니다.

Q. 음성인식 서비스를 어떻게 활용할 수 있을까요?

최근의 음성인식 기술은 음성을 인식하고 명령을 실행하는 단계를 넘어 사용되는 문장과 단어의 형태, 목소리 톤 등을 분석하여 말하는 사람의 감정을 파악할 수 있습니다. 또한 단위 시간 동안의 음성 데이터를 실시간으로 분석해 치매, 우울증과 같은 신체 질환의 징후를 감지하여 건강관리에 도움을 주는 등 기존의 단순한 음성인식 서비스를 넘어 보다 발전된 형태의 '지능형 음성인식 서비스'를 제공하게 될 예정입니다.

Q. 음성인식 서비스에 문제점은 없나요?

대부분의 음성인식 서비스는 사용자의 명령어를 잘 알아듣도록 데이터를 수집하기 위해 사용자의 목소리를 수집하고 있습니다. 문제는 저장된 사용자의 목소리를 사람이 듣고 문자화한다는 점입니다. 이에 음성인식 서비스를 제공하는 기업들은 사전에 사용자의 동의를 구한 경우에 한하여 제한된 인원들만 음성을 들을 수 있도록 하거나 저장된 음성 정보를 일정 기간 후에 삭제하는 등의 조치를 취하고 있습니다.

Q. 한국어를 영어가 아닌 다른 언어로 번역하려면 아래 명령어를 어떻게 수정하면 될까요?
또 어떤 언어로 번역할 수 있는지 이야기해봅시다.

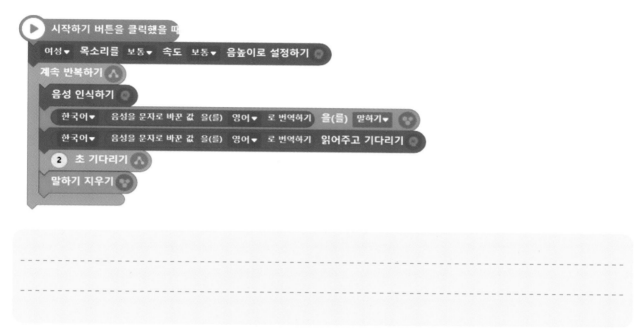

Q. 음성인식 서비스를 번역이 아닌 다른 분야에서 어떻게 활용할 수 있을까요?

Q. 음성인식 서비스를 사용하는데 있어 발생하는 문제점들에는 어떤 것이 있을까요?

Section 15

나이, 성별, 감정 판별기 만들기

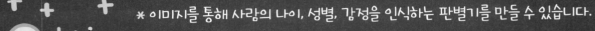

＊ 이미지를 통해 사람의 나이, 성별, 감정을 인식하는 판별기를 만들 수 있습니다.

인터넷에 연결된 컴퓨터	웹캠 또는 노트북에 내장된 카메라
활용 사이트 - https://playentry.org	

오늘의 인공지능(AI)

비디오 감지

카메라를 이용하여 사람(신체), 얼굴, 사물 등을 인식하는 블록들의 모음입니다. (웹 및 iOS 미지원)

엔트리의 인공지능(AI) 블록 중 비디오 감지는 카메라를 이용해 이미지를 인식하는 블록입니다. 사람(신체), 얼굴, 사물 등을 인식할 수 있습니다.

활동안내

활동시간 : 15분

관련교과 : 도덕 타인과의 관계 영역

활동방법

* 나이, 성별, 감정을 인식하는 판별기를 만들면서 안면 인식 기술의 가능성에 대해 생각해봅시다.

❶ 나이 판별 프로그램 만들기

❷ 성별 판별 프로그램 만들기

❸ 감정 판별 프로그램 만들기

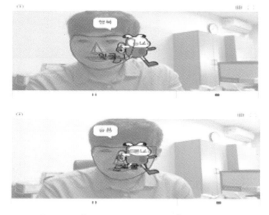

❹ 다양한 표정 지어보고 확인하기

여러분은 사진 찍는 것을 좋아하나요? 사람, 풍경, 사물 등 대상을 두고 다양한 각도, 기법으로 멋지게 사진을 찍어본 경험이 있을 겁니다. 스마트폰의 카메라로 사진을 촬영하게 되면 이미지 데이터의 형태로 여러분의 스마트폰에 저장됩니다. 사진이 많아질수록 사진을 찾는 데 어려움이 있으므로 사진첩에 가족, 친구, 음식과 같이 앨범을 만들어 구분하기 쉽도록 사진을 분류하기도 합니다.

기존에는 사람이 사진을 보고 사진에 나타나는 대상이 무엇인지, 어떤 종류인지 직접 판단하여 분류하였습니다. 하지만 최근 인공지능(AI)의 기술이 발전함에 따라 인공지능(AI)이 사진을 보고 스스로 알맞은 대상으로 분류하기 시작했습니다. 대표적인 사례로 '구글 포토' 앱이 있습니다. 구글 포토는 사진을 촬영하면 사진을 바로 분석하고 기존에 있는 이미지 데이터와 비교하여 비슷한 사진이 있으면 같은 앨범에 자동으로 분류해주고 있습니다.

더 나아가 앞으로는 인공지능(AI)이 사진 속 사람의 기분, 감정, 성별 등의 정보도 인식하여 분류할 수 있다고 하니 점점 정확하고 자세한 분류가 가능할 것이라고 기대합니다.

완성된 인공지능(AI) 나이, 성별, 감정 판별기 프로그램을 실행해봅시다.

성별, 나이, 감정 판별기

키보드의 1을 누르면 성별,
2를 누르면 나이, 3을
누르면 감정을 인식해요

완성 프로그램 : bit.ly/판별기
씨앗 프로그램 : bit.ly/판별기 씨앗

1. **프로그램을 실행하여 키보드의 2번을 누르고 인공지능(AI)이 판별한 여러분의 나이를 적어봅시다.**

2. **실시간 음성 인식 번역기에 활용된 인공지능(AI) 기술을 보기에서 찾아봅시다.**

[보기]
음성 인식 기술 / 이미지 인식 기술 / 소리 인식 기술 / 문자 읽어주기

어떻게 만들까? — 인공지능(AI) 계산대 설계하기

1. 실시간 번역 프로그램의 실행 과정을 생각해보기

프로그램 실행하기

성별, 나이, 감정 선택하기

선택한 내용에 대해 인공지능
(AI)이 판별하여 말하기

2. 실시간 번역 프로그램을 설계하기

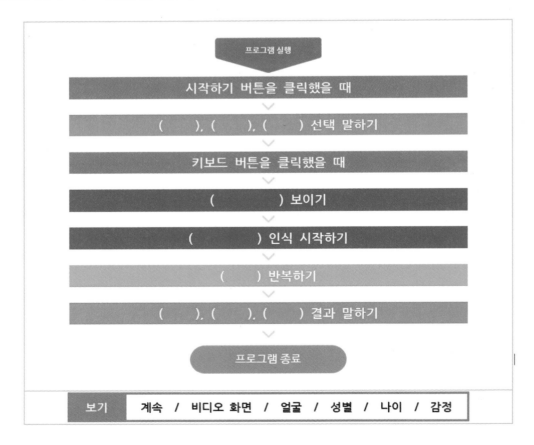

인공지능(AI) 체험활동 **나이, 성별, 감정 판별기 만들기**

1 크롬 브라우저를 실행하고 주소창에 'bit.ly/판별기씨앗'을 입력합니다.

2 엔트리 작품으로 이동하여 코딩을 하기 위해 [코드 보기]를 선택합니다.

성별, 나이, 감정 판별기

X : -232.6, Y : -116.9

기타
이, 성별, 감정 판별기 만들기 씨앗파일
from casdai

부스트 모드 **ON** 코드 보기

3 나이, 성별, 감정 판별기에 필요한 오브젝트가 준비되어 있습니다. 오브젝트를 실행하기 위해 필요한 블록을 살펴봅시다.

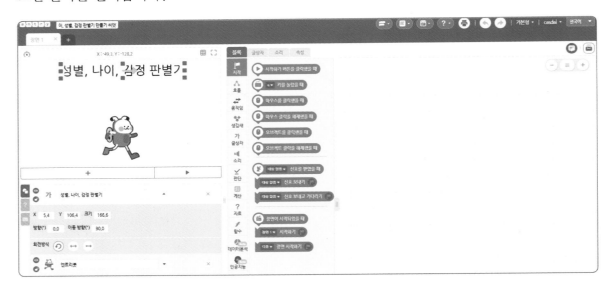

4 인공지능(AI) 블록을 생성하기 위해 블록 중 [인공지능]을 클릭한 후 [AI블록 불러오기]를 클릭합니다.

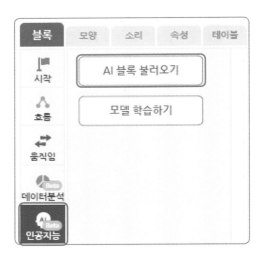

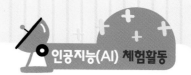

5 [비디오 감지]를 선택한 후 [추가하기]를 클릭합니다.

6 생성된 인공지능(AI) 블록들을 확인합니다.

7 카메라가 바르게 컴퓨터에 바르게 연결되었는지 확인하기 위해 아래와 같이 프로그래밍한 후 [시작하기] 버튼을 클릭해봅니다.

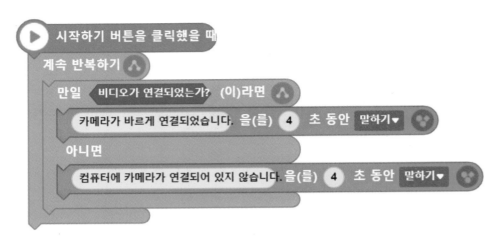

8 엔트리봇이 "컴퓨터에 카메라가 연결되어 있지 않습니다."하고 말하면 카메라의 연결 상태를 확인합니다.

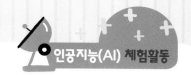

9 인공지능(AI)이 나의 얼굴을 보고 나이를 말하도록 프로그래밍한 다음 [시작하기] 버튼을 클릭하여 확인해봅니다.

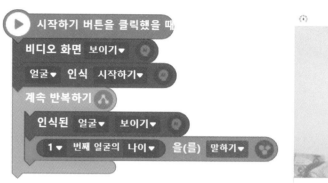

10 인공지능(AI)이 나의 얼굴을 보고 성별을 말하도록 프로그래밍한 다음 [시작하기] 버튼을 클릭하여 확인해봅니다.

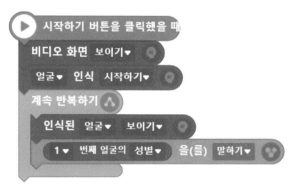

11 인공지능(AI)이 나의 얼굴을 보고 나이와 성별을 함께 말하도록 계산 탭의 '엔트리과(와) 엔트리를 합치기' 블록을 이용해 프로그래밍 합니다. [시작하기] 버튼을 클릭하여 확인해봅니다.

12 인공지능(AI)이 나의 얼굴을 보고 감정을 말하도록 프로그래밍합니다. [시작하기] 버튼을 클릭한 후 다양한 표정을 지어보며 확인합니다.

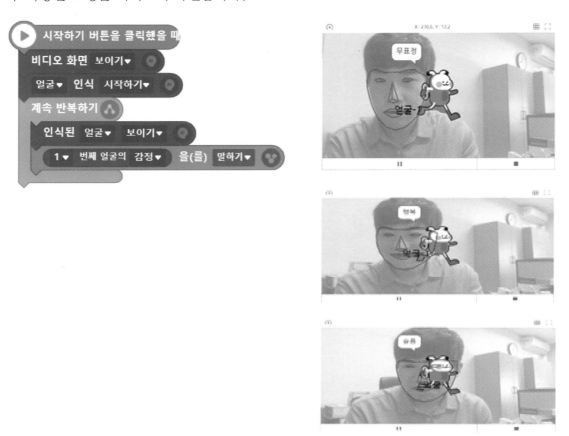

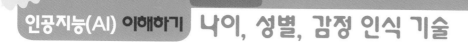

나이, 성별, 감정 인식 기술

Q. 안면 인식 기술의 가능성은 어디까지일까요?

안면 인식 기술은 사람을 구별하는 것을 넘어 얼굴의 특징, 표정, 근육 등 다양한 데이터를 바탕으로 사람의 나이, 성별, 감정 등을 인식할 수 있습니다. 또한 얼굴뿐 아니라 맥박이나 심장 박동, 호흡, 땀의 변화 등을 감지하여 나이, 성별, 감정을 예측하는 기술도 개발되고 있습니다.

Q. 나이, 성별, 감정을 인식하는 기술을 어떻게 활용할 수 있을까요?

서울대학교병원 안과 박상준 교수 연구팀은 사람 눈 속의 망막안저 사진을 통해 나이, 성별을 예측하는 알고리즘을 개발했습니다. 이 알고리즘은 정상인을 대상으로 성별은 96%이상, 나이는 평균오차 3.6세 이하의 매우 높은 적중률을 보입니다. 이 기술은 겉모습으로 판별할 수 없는 고혈압과 당뇨 등의 기저질환까지 자연적 노안과 구별하여 나이를 인식한다고 합니다. 앞으로 이 알고리즘을 활용하여 질병의 유무 및 건강상태를 종합적으로 판단할 수 있는 알고리즘을 개발할 수 있을 것으로 전망되고 있습니다. 또한 현대자동차에서는 감정인식 기술을 적용한 자동차를 개발 중입니다. 운전자가 화난 감정을 보인다면 난폭 운전을 하지 않도록 최대 속력을 줄이거나 밝은 음악을 틀어주는 등 안전을 위한 기술은 물론 운전자와 공감하며 대화하는 네비게이션 등 감정 인식 기술을 활용한 다양한 서비스를 개발하고 있습니다.

Q. 나이, 성별, 감정 인식 기술에 문제점은 없나요?

나이, 성별, 감정을 인식하는데 필요한 이미지를 서버에 전달해 분석하기 때문에 내 얼굴 정보가 어딘가로 이동되고 저장되는 것에 대한 부담이 있을 수 있습니다. 또한 데이터를 기반으로 예측하는 인공지능(AI)은 데이터의 성질에 따라 편향적인 경향을 보이기도 합니다. 실제로 안면인식 인공지능(AI) 페이스 플러스 플러스(Face++)는 흑인들의 표정을 백인들에 비해 더 화나고 불행한 것으로 평가하기도 했습니다. 이는 인공지능(AI)을 개발하는 과정에서 사람들의 고정관념이 반영되었기 때문으로 인공지능(AI) 기술을 맹신하는 것에는 문제가 있을 수 있습니다.

Q. 다음 사진들을 보고 나이, 성별, 감정을 예측하여 데이터화 해봅시다.

그림	나이 아이:1 어른:2 노인:3	성별 남자:1 여자:2	감정 기쁨:1 화남:2 슬픔:3	그렇게 생각한 이유		
				나이	성별	감정
1						
2						
3						
4						
5						
6						

Q. 내가 나이, 성별, 감정 인식 기술을 활용한다면 어떻게 활용하고 싶나요?
예 스마트폰이 다른 친구들의 감정을 알려주도록 해서 친구들에게 공감해주고 싶다 등

Q. 나이, 성별, 감정 인식 기술을 사용하는데 있어 발생하는 문제점들에는 어떤 것이 있을까요?

MEMO

내 마음을 알아주는 챗봇 만들기

* 내 감정을 알고 공감해주는 챗봇 프로그램을 만들 수 있습니다.

속상해

괜찮아. 힘내!

인터넷에 연결된 컴퓨터	엔트리 ID
	활용 사이트 – https://playentry.org

오늘의 인공지능(AI)

텍스트
직접 작성하거나 파일로 업로드한 텍스트를 분류할 수 있는 모델을 학습합니다.

엔트리의 모델 학습하기 중 [텍스트]는 직접 작성하거나 txt, csv 파일로 업로드한 텍스트를 활용할 수 있습니다.

활동안내

활동시간 : 20분

관련교과 : 도덕 타인과의 관계 영역

활동방법

* 상대방의 감정에 어떻게 공감해줄 수 있을지 생각하며 감정을 공감해주는 챗봇을 프로그래밍 해봅시다.

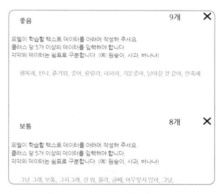

❶ 텍스트 모델 학습하기

❷ 학습 결과 확인하기

❸ 프로그래밍하기

❹ 실행하기

챗봇을 사용해본 적 있나요? 챗봇이란, 채팅과 로봇을 합친 말로, 인간과 대화를 하는 소프트웨어입니다. 우리가 병원을 예약할 때, 물건을 구입하기 전 상담을 할 때 등 많은 방면에서 챗봇은 사용되고 있습니다.

챗봇은 우리 생활에 어떤 도움이 될까요? 물건을 구입할 때, 상담원에게 전화연결을 하기 위해 기다리거나 여러 번 시도했던 경험이 있을 것입니다. 이런 경우, 챗봇이 큰 도움을 줄 수 있습니다. 챗봇은 기다리지 않아도 즉각적으로 대답을 주기 때문에 시간적, 공간적 제약을 줄여줄 수 있습니다. 챗봇은 상담원에게도 도움을 줄 수 있습니다. 같은 질문을 여러 번 받을 경우, 같은 대답을 반복적으로 해야 하지만 챗봇을 이용하면, 반복적인 인간의 업무를 경감시켜줌으로써 업무 효율도를 높여줄 수 있습니다.

또한 현대 사회가 점점 개인화가 되면서 대화 단절이 사회적 문제로 대두되고 있습니다. 이에 따라 외로움과 소외감을 느끼는 사람들이 점점 늘어나고 있습니다. 이때 챗봇이 큰 역할을 할 수 있습니다. 다른 사람에게 하지 못할 이야기나, 외로움을 달래기 위한 이야기를 챗봇에게 하며 공감과 위로를 받을 수 있습니다. 이를 통해 외로움과 소외감을 극복할 수 있을 것입니다.

완성된 챗봇 프로그램을 실행해봅시다.

완성 프로그램 : bit.ly/챗봇만들기
씨앗 프로그램 : bit.ly/챗봇씨앗

1. 프로그램을 실행하여 나의 감정을 입력해 봅시다. 엔트리 챗봇이 대답해주는 결과를 적어봅시다.

2. 프로그램을 실행하여 친구나 가족의 감정을 입력해 봅시다. 엔트리 챗봇이 대답해주는 결과를 적어봅시다.

어떻게 만들까? ↩ 내 마음을 알아주는 챗봇 설계하기

1. 내 마음을 알아주는 챗봇 프로그램의 실행과정을 생각해보기

프로그램 실행하기

텍스트 인식하기

인식결과를 말하기

2. 내 마음을 알아주는 챗봇 프로그램 설계하기

프로그램 실행

(   )을 클릭했을 때

오늘 기분 어때? 를 묻고 기다리기

(   )을 학습한 모델로 분류하기

만일 인식 결과가 ( ) 이라면	만일 인식 결과가 ( ) 이라면	만일 인식 결과가 ( ) 이라면
텍스트 인식 결과 말하기	텍스트 인식 결과 말하기	텍스트 인식 결과 말하기

프로그램 종료

보기	대답 / 좋음 / 나쁨 / 보통 / 시작하기 버튼

내 마음을 알아주는 챗봇 만들기

1 크롬 브라우저를 실행하여 상단의 주소창에 'bit.ly/챗봇씨앗'을 입력합니다.

2 엔트리 작품으로 이동하여 코딩을 하기 위해 [코드 보기]를 선택합니다.

3 내 마음을 알아주는 챗봇에 필요한 오브젝트가 준비되어 있습니다. 오브젝트를 실행하기 위해 필요한 블록을 살펴봅시다.

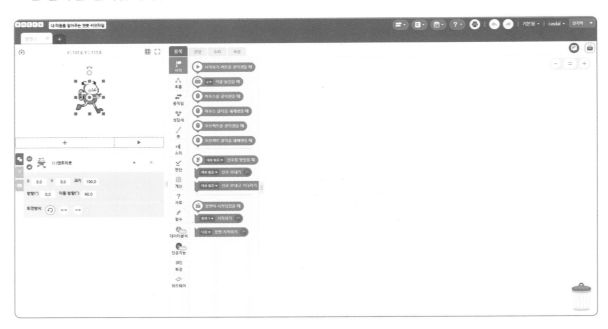

4 데이터를 학습시키기 위해 [인공지능]을 클릭한 후 [모델 학습하기]를 클릭합니다.

5 텍스트 데이터를 입력하기 위해 [텍스트]를 선택합니다.

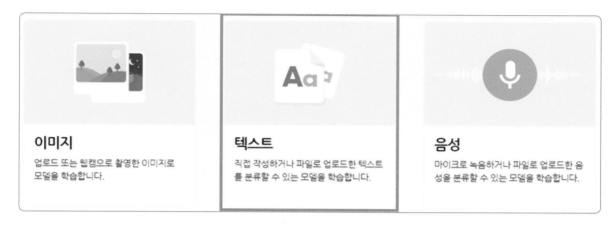

이미지
업로드 또는 웹캠으로 촬영한 이미지로 모델을 학습합니다.

텍스트
직접 작성하거나 파일로 업로드한 텍스트를 분류할 수 있는 모델을 학습합니다.

음성
마이크로 녹음하거나 파일로 업로드한 음성을 분류할 수 있는 모델을 학습합니다.

6 제목에 '챗봇 만들기'를 입력하고 [+ 클래스 추가하기]를 클릭해 클래스를 3개로 만들어줍니다.

7 클래스의 이름을 각각 '좋음', '보통', '나쁨'으로 바꾸어줍니다.

8 '좋음' 클래스를 클릭한 후 기분이 좋음을 나타내는 말을 5개 이상 적어줍니다. 하나의 말이 끝나면 쉼표를 적어줍니다.

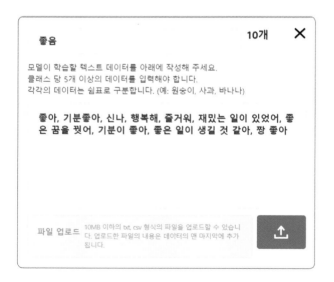

9 '보통'과 '나쁨' 클래스에도 각각의 감정을 나타내는 말을 5개 이상씩 적어줍니다.

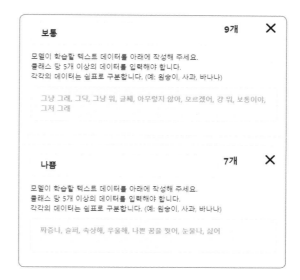

10 입력한 텍스트 데이터를 학습시키기 위해 [모델 학습하기]를 클릭합니다.

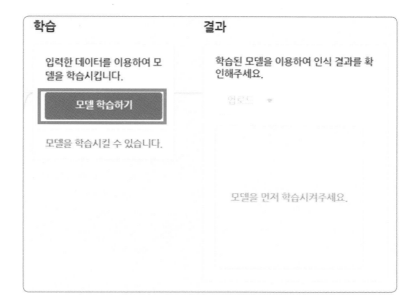

11 학습이 잘되었는지 확인해보기 위해 감정을 나타내는 말을 입력한 후 [입력하기]를 클릭합니다.

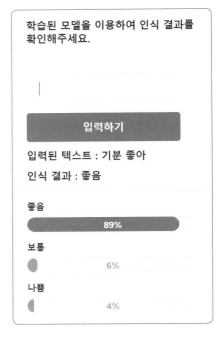

12 학습이 잘되었다면 아래쪽의 [추가하기]를 클릭합니다. 학습이 더 필요하다면 각 클래스를 클릭해 데이터를 입력하고 다시 [모델 학습하기]를 클릭합니다.

13 내 감정을 묻고 공감해주는 프로그램을 만들기 위해 아래와 같이 프로그래밍한 후 [시작하기] 버튼을 클릭합니다.

14 나의 감정을 입력한 후 엔터 키를 누르거나 오른 쪽의 확인 아이콘을 클릭합니다.

15 내 감정을 잘 이해하고 공감해주는지 확인합니다.

16 내 감정을 잘 이해하지 못한다면 [인공지능]-[모델 학습하기]-[나의 모델]에서 [챗봇 만들기]를 선택해 추가로 학습시킬 수 있습니다.

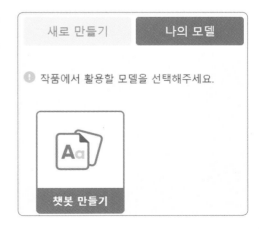

인간처럼 대화하는 챗봇

Q. 챗봇은 어떻게 사람의 말을 이해할까요?

인공지능(AI)은 텍스트 데이터의 패턴을 분석하여 사람의 언어를 이해합니다. 예를 들어 인공지능(AI)에게 '오늘 대구 날씨는 어때?'라고 물으면 '오늘', '대구', '날씨' 등으로 패턴을 분석해 사람의 의도를 파악하여 이에 맞게 대답을 합니다. 따라서 챗봇이 사람의 의도에 맞는 정확한 대답을 하기 위해서는 '오늘', '대구', '날씨' 등 다양한 데이터를 학습해야 합니다.

Q. 챗봇은 생활 속에서 어떻게 활용되고 있나요?

식당이나 카페에서 메뉴, 가격, 사이즈, 추가요구 사항 등 단순한 업무를 처리하거나 호텔이나 병원, 극장 등에서 예약 및 고객 상담 서비스 등에 이용되고 있습니다. 챗봇은 24시간 운영이 가능하며 많은 사람들을 상대할 수 있어 매우 유용합니다. 최근의 챗봇은 단순히 정보를 제공하는 것을 넘어 사람들이 쓰는 단어나 문장을 통해 감정을 분석하여 고객의 감정에 공감하며 대화를 이어가도록 발전하고 있습니다. 예를 들어 "오늘 대구 날씨는 어때?"라고 물으면 "오늘 대구 날씨는 맑아요."라고 대답하지만 "아 짜증나. 오늘 대구 날씨 어떠냐고?" 라고 물으면 "오늘 대구 날씨는 맑아요. 날씨만큼 맑은 하루 보내세요"와 같이 대답할 수 있습니다.

Q. 다방면에서 활용되는 챗봇에 문제점은 없나요?

누구나 쉽게 챗봇을 만들고 사용하는데 제한이 없어 보안에 대한 우려가 함께 높아지고 있다는 우려가 나오고 있습니다. 이용자에게 비정상적인 챗봇을 설치, 사용하도록 유도한 후 피싱이나 파밍 공격 등을 벌이거나 이용자의 개인정보를 유출하는 일이 발생할 수 있다는 것입니다. 따라서 인공지능(AI)의 행위에 제한을 두고 인공지능(AI)의 대답에 개인정보가 포함되었는지 여부 등을 지속적으로 모니터링하여 개인정보 유출을 사전에 차단하도록 하고 관련 법령 및 규정을 마련하는 것이 필요할 것입니다.

Q. 챗봇은 어떻게 내 감정을 알 수 있었을까요? 혹시 챗봇이 내 감정을 잘 알지 못했다면 잘 알 수 있게 하기 위해서는 어떻게 해야 할까요?

Q. 우리 생활 속에서 챗봇은 어떻게 활용되고 있을까요?

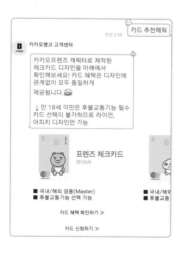

Q. 나만의 챗봇을 만들 수 있다면 어떤 챗봇을 만들고 싶나요?
예 숙제를 할 때 모르는 문제를 알려주는 챗봇을 만들고 싶어요.

Section
17
인공지능(AI) 계산대 만들기

＊인공지능(AI)이 물건을 인식하면 물건의 가격을 말하고 구입한 물건을 계산할 수 있는 인공지능(AI) 계산대 프로그램을 만들어 봅시다.

인터넷에 연결된 컴퓨터	웹캠	엔트리 ID
		활용 사이트 - https://playentry.org

오늘의 인공지능(AI)

이미지
업로드 또는 웹캠으로 촬영한 이미지로
모델을 학습합니다.

엔트리의 모델 학습하기 중 [이미지]는 이미지 형식으로 되어있는 데이터를 학습하여 인공지능(AI)이 이미지를 인식할 수 있도록 만들어주는 모델입니다.

활동안내

활동시간 : 20분
관련교과 : 실과 기술 시스템 영역

활동방법

* 인공지능(AI) 모델을 통해 인공지능(AI) 계산대 프로그램을 만들어 봅시다.

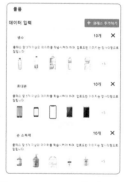

❶ 이미지 모델 학습하기

❷ 학습 결과 확인하기

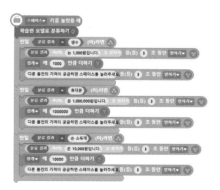

❸ 프로그래밍하기

❹ 실행하기

가족들과 같이 마트에 가서 필요한 물건을 구매해본 적이 있나요? 먹고 싶은 과자, 음료수, 음식 등을 사고 나면 마지막에는 계산대에 가서 구매한 물건의 가격을 확인하고 돈을 지급해야 합니다. 지금까지는 사람이 직접 하나씩 물건의 가격을 확인하기 때문에 기다리는 시간도 오래 걸리고 불편한 때도 있었습니다.

하지만 최근에는 인공지능(AI)의 기술을 활용한 계산대가 나오면서 이런 불편한 점을 해결하고자 노력하고 있습니다. 미국의 스타트업 기업인 케이퍼는 계산대 없이 소비자가 스스로 물건을 결제할 수 있는 스마트 쇼핑 카트를 개발했습니다. 케이퍼의 스마트 카트는 신용카드 스캐너와 바코드 스캐너, 3D 카메라 센서, 스마트 저울을 내장해 물건을 카트에 담을 때 곧바로 스캔하고 자동으로 결제까지 이루어집니다.

또한 GS25는 고객이 점포로 들어가면 딥러닝 카메라 34대가 고객 행동을 인식하고, 매대에 설치된 300여개 무게 감지 센서는 고객이 어떤 물건을 얼마나 고르는지를 감지합니다. 물건을 고른 뒤 문을 빠져나오면 인공지능(AI) 기술이 적용된 결제시스템을 통해 자동 결제되고 모바일 영수증이 발급되는 무인 편의점을 운영 중입니다.

이번 시간에는 이렇게 우리 생활을 편리하게 만들어 줄 수 있는 인공지능(AI)의 이미지 모델 기술을 활용하여 무인 계산대를 만들어 보겠습니다.

완성된 인공지능(AI) 계산대 프로그램을 실행해봅시다.

완성 프로그램 : bit.ly/계산대수정
씨앗 프로그램 : bit.ly/계산대씨앗

1. 프로그램을 실행하여 휴대폰 이미지를 인식하여 봅시다. 가격이 얼마인지 인식 결과를 적어봅시다.

2. 인공지능(AI)이 인식할 수 있는 [보기]의 물건 가격을 확인하고 [BUY] 버튼을 클릭하여 가격의 합계를 적어봅시다.

[보기]
생수병 / 손 소독제 / 휴대폰

어떻게 만들까? ➲ 인공지능(AI) 계산대 설계하기

1. 인공지능(AI) 계산대 프로그램의 실행과정을 생각해보기

프로그램 실행하기

이미지 인식하기

인식결과를 말하기

물건 가격의 합계 말하기

2. 인공지능(AI) 계산대 프로그램을 설계하기

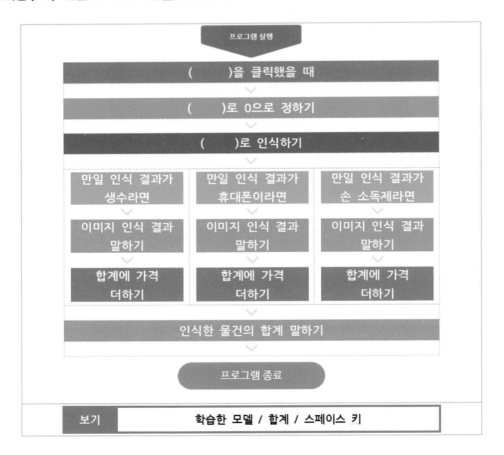

프로그램 실행

( )을 클릭했을 때

( )로 0으로 정하기

( )로 인식하기

만일 인식 결과가 생수라면	만일 인식 결과가 휴대폰이라면	만일 인식 결과가 손 소독제라면
이미지 인식 결과 말하기	이미지 인식 결과 말하기	이미지 인식 결과 말하기
합계에 가격 더하기	합계에 가격 더하기	합계에 가격 더하기

인식한 물건의 합계 말하기

프로그램 종료

보기	학습한 모델 / 합계 / 스페이스 키

인공지능(AI) 체험활동 | 인공지능(AI) 계산대 만들기

1 크롬 브라우저를 실행하고 주소창에 'bit.ly/계산대씨앗'을 입력합니다.

2 엔트리 작품으로 이동하여 코딩을 하기 위해 [코드 보기]를 선택합니다.

3 내 마음을 알아주는 챗봇에 필요한 오브젝트가 준비되어 있습니다. 오브젝트를 실행하기 위해 필요한 블록을 살펴봅시다.

4 데이터를 학습시키기 위해 [인공지능]을 클릭한 후 [모델 학습하기]를 클릭합니다.

5 이미지 데이터를 입력하기 위해 [이미지]를 선택합니다.

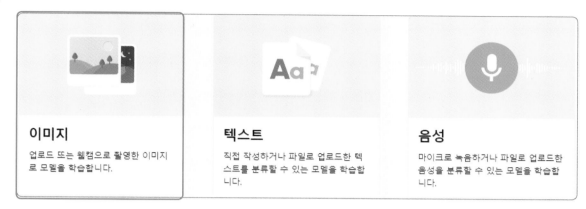

이미지
업로드 또는 웹캠으로 촬영한 이미지로 모델을 학습합니다.

텍스트
직접 작성하거나 파일로 업로드한 텍스트를 분류할 수 있는 모델을 학습합니다.

음성
마이크로 녹음하거나 파일로 업로드한 음성을 분류할 수 있는 모델을 학습합니다.

6 제목에 '물품'을 입력하고 [+ 클래스 추가하기]를 클릭해 클래스를 3개로 만들어줍니다.

7 클래스의 이름을 각각 '생수', '휴대폰', '손 소독제'로 바꾸어줍니다.

8 '생수' 클래스를 클릭한 후 인공지능(AI)이 정답으로 이해할 이미지의 크기, 각도, 위치 등을 다양하게 하여 최소 5개 이상 촬영합니다.

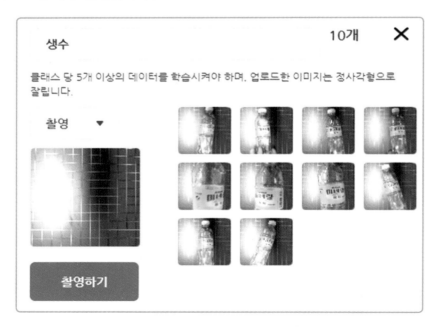

9 '휴대폰'과 '손 소독제' 클래스에도 각각의 해당하는 이미지를 10개 이상씩 촬영합니다.

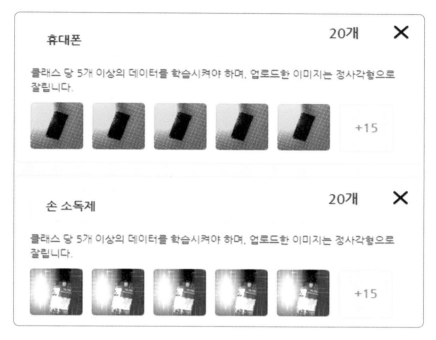

10 입력한 이미지 데이터를 학습시키기 위해 [모델 학습하기]를 클릭합니다.

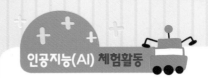
11 학습이 잘되었는지 확인해보기 위해 해당하는 물품을 카메라에 인식시켜봅니다. 만약 올바르게 인식이 되지 않았다면 해당 클래스에 데이터를 추가로 입력합니다.

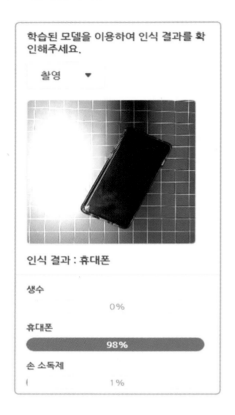

12 학습이 잘되었다면 아래쪽의 [추가하기]를 클릭합니다. 학습이 더 필요하다면 각 클래스를 클릭해 데이터를 입력하고 다시 [모델 학습하기]를 클릭합니다.

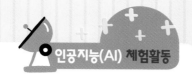

13 인공지능(AI) 모델이 인식한 물건의 가격 합계를 저장하기 위한 '합계' 변수를 만듭니다. 변수는 [블록]-[자료]-[변수 만들기]에서 만들 수 있습니다.

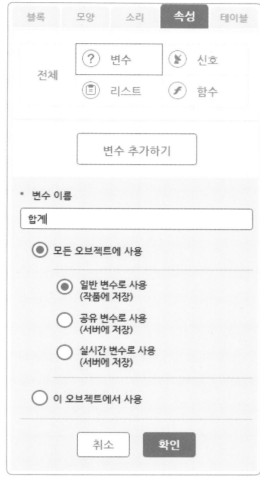

14 프로그램에 필요한 오브젝트를 추가합니다.

15 엔트리 봇 오브젝트에 프로그램을 실행했을 때 '합계' 변수를 0으로 정하고 프로그램에 대한 설명을 위한 말하기 블록을 코딩합니다.

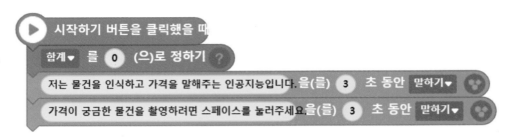

16 스페이스키를 눌렀을 때 인공지능(AI) 이미지 모델이 실행되고 만약 인식 결과가 생수이면 가격을 3초간 말해주고 생수 가격을 '합계' 변수에 더하도록 블록을 코딩합니다. 그리고 다른 물건의 가격이 궁금하면 스페이스키를 눌러달라고 안내하도록 코딩합니다.

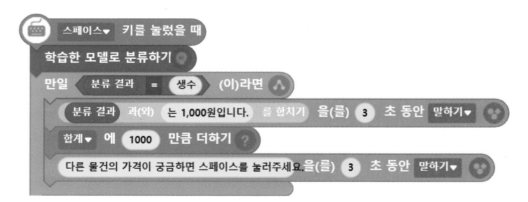

17 같은 방법으로 휴대폰, 손 소독제를 인식하면 해당하는 가격을 말하고 '합계' 변수에 물건 가격을 더하도록 블록을 코딩합니다.

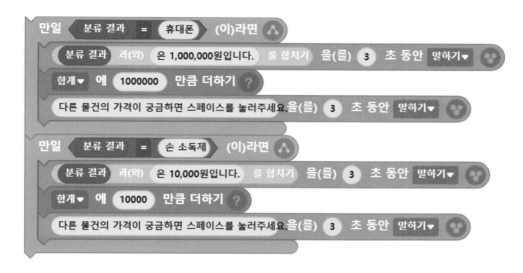

18 구매 버튼 오브젝트에 프로그램을 실행하면 구매 버튼에 대한 설명을 말하도록 블록을 코딩합니다. 그리고 구매 버튼을 클릭하면 인공지능(AI)이 인식한 물건 가격의 합계를 문장으로 말하도록 블록을 코딩합니다.

19 프로그램을 실행하여 인공지능(AI)이 물건을 올바르게 인식하고 가격을 알려주는지 확인합니다.

20 구매 버튼 오브젝트를 클릭했을 때 구매한 물건의 가격 합계를 말하는지 확인합니다.

21 인공지능(AI)이 물품을 잘 이해하지 못한다면 [인공지능]-[모델 학습하기]-[나의 모델]에서 '물품'을 선택해 추가로 학습시킬 수 있습니다.

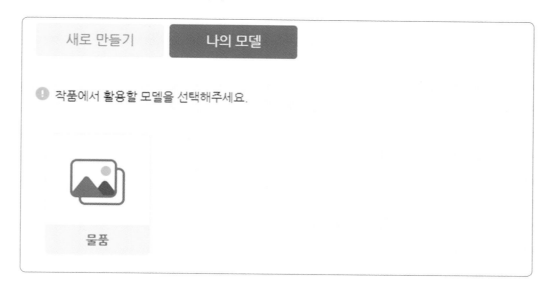

인공지능(AI) 이미지 모델 만들기

Q. 이미지 모델 학습 기능은 무엇일까요?

이미지 모델 학습 기능은 직접 입력한 이미지를 학습 데이터로 삼아 일정한 기준에 따라 분류하고, 그 기준에 맞춰 모델을 학습시켜 자신만의 모델을 만들어 볼 수 있는 기능입니다. 이러한 기능은 인공지능(AI)을 학습시키는 여러 가지 방법 중에서 지도학습에 해당합니다. 파일로 업로드하거나 직접 촬영한 이미지를 학습 데이터로 삼은 다음, 내가 데이터를 직접 분류하고 모델에게 학습시키면 나만의 인공지능(AI) 모델을 만들 수 있습니다.

Q. 인공지능(AI)은 어떻게 이미지를 이해할 수 있을까요?

인공지능(AI)이 이미지를 이해할 수 있는 건 위에서 언급한 인공지능(AI)을 학습하는 다양한 방법 중 지도학습에 해당합니다. 지도학습이란 인공지능(AI)에 정답을 알려주며 학습을 시켜주는 것입니다. 이번 차시를 예로 들면, 휴대폰, 생수, 손 소독제라는 정답을 만들어 놓고 정답에 해당하는 이미지를 데이터로 입력하여 인공지능(AI)이 각 정답을 해당 이미지 데이터로 인식하도록 학습하는 것입니다. 이를 바탕으로 인공지능(AI)에게 특정 이미지 데이터를 제시했을 때, 인공지능(AI)은 학습한 내용을 토대로 제시된 이미지가 학습된 이미지에 확률적으로 어느 정도 해당하는지 판단하여 수치로 알려주게 됩니다.

Q. 이미지 모델을 학습한 인공지능(AI)이 더 똑똑해지기 위해서는 어떻게 해야 할까요?

이미지 모델로 학습한 인공지능(AI)이 해당하는 이미지를 더욱더 정확하게 인식하기 위해서는 각 정답의 이미지 데이터를 다양하게 입력해야 합니다. 예를 들어 손 소독제를 정확하게 인식하기 위해서는 손 소독제 이미지를 크기, 높이, 각도 등의 변화가 다양하게 나타나는 데이터로 많이 입력할수록 인공지능(AI)은 손 소독제 이미지를 인식했을 때, 손 소독제를 더욱 높은 확률로 판단하게 됩니다.

Q. 이미지 모델 학습 기능은 무엇일까요?

Q. 인공지능(AI)은 어떻게 이미지를 이해할 수 있을까요?

Q. 이미지 모델을 학습한 인공지능(AI)이 더 똑똑해지기 위해서는 어떻게 해야 할까요?

Section 18

인공지능(AI)으로 배추 생산량 예측하기

※ 데이터를 활용하여 예측 값을 찾아내는 인공지능(AI) 프로그램을 만들어봅시다.

인터넷에 연결된 컴퓨터	엔트리 ID
	활용 사이트 – https://playentry.org

오늘의 인공지능(AI)

지도학습

예측: 숫자
테이블의 숫자 데이터를 핵심 속성으로 삼아 예측 속성을 찾아내는 선형 회귀 모델을 학습합니다.

엔트리의 모델 학습하기 중 [예측:숫자]는 테이블의 숫자 데이터를 핵심 속성으로 삼아 예측 속성을 찾아내는 선형 회귀 모델을 학습합니다.

활동안내

활동시간 : 40분
관련교과 : 창의적 체험활동

활동방법

* 데이터들을 활용하여 예측 값을 찾아내는 인공지능(AI) 프로그램을 만들어 봅시다.

❶ 프로그램 체험하기

연도별 배추 생산량

	A	B	C	D
	연도	시도별	면적 (ha)	생산량 (톤)
1	연도	시도별	면적 (ha)	생산량 (톤)
2	2010	서울특별시	26	1358
3	2010	부산광역시	391	24307
4	2010	대구광역시	414	22216
5	2010	인천광역시	204	12240
6	2010	광주광역시	258	15181
7	2010	대전광역시	94	5444
8	2010	울산광역시	178	13852
9	2010	세종특별자치시	0	0

❷ 데이터 테이블 추가하기

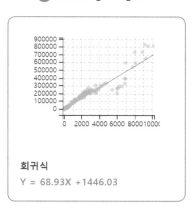

회귀식

$Y = 68.93X + 1446.03$

❸ 선형회귀 모델 학습하기

❹ 프로그래밍 및 실행하기

우리 생활 속에서는 예측을 통해 미래를 대비하는 경우가 종종 있습니다. 거리에 따른 이동 시간을 예측하여 여행 시간을 결정하는 경우, 선호도를 조사한 다음 판매량을 예측하여 생산 계획을 세우는 경우 등 다양한 분야에서 예측은 유용하게 사용됩니다.

최근에는 인공지능(AI)이 예측하려는 값과 관련된 데이터들을 활용하여 이러한 예측을 쉽게 해줍니다. 아래와 같이 재배 면적에 대한 배추 생산량의 데이터가 있을 때, 농부가 배추 생산량을 어떻게 예측할 수 있을지 생각해 봅시다.

	연도	시도별	면적(ha)	배추 생산량(톤)
1	2021	서울특별시	3	358
2	2021	부산광역시	40	4890
3	2021	대구광역시	44	4974
4	2021	인천광역시	112	13601
5	2021	광주광역시	41	4190
6	2021	대전광역시	36	3517
7	2021	울산광역시	58	5675
8	2021	세종특별자치시	37	3865
9	2021	경기도	1215	119551
10	2021	강원도	1189	114111
11	2021	충청북도	1394	118812
12	2021	충청남도	919	92513
13	2021	전라북도	1086	104488
14	2021	전라남도	2666	270034
15	2021	경상북도	1660	154884
16	2021	경상남도	467	44447
17	2021	제주도	0	14

1. 위의 표에서 알 수 있는 데이터는 무엇입니까?

2. 재배 면적에 따른 배추 생산량을 예측하기 위해 필요한 데이터는 무엇입니까?

지금부터 엔트리 모델 학습하기 중 [예측:숫자]를 통하여 재배 면적에 따른 배추 생산량을 예측하는 프로그램을 만들어 봅시다.

완성된 예측 프로그램을 실행해봅시다.

완성 프로그램 : bit.ly/배추생산예측
씨앗 프로그램 : bit.ly/배추씨앗

1. **프로그램을 실행하여 재배 면적(ha)을 입력하고 배추 생산량의 예측 결과를 적어봅시다.**

                                              (   )톤

2. **스페이스 키를 눌러 선형회귀 예측 모델을 확인해 봅시다.**

─ 배추 생산량 예측 프로그램 설계하기 ─

1. 예측 프로그램의 실행과정을 생각해보기

데이터 테이블 추가하기

핵심속성, 예측속성 결정하기

프로그래밍 하기

프로그램 실행하여 예측 결과 확인하기

2. 예측 프로그램을 설계하기

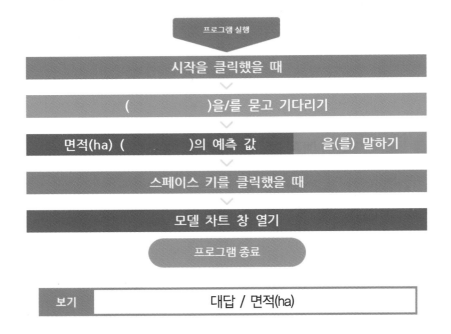

보기	대답 / 면적(ha)

1 크롬 브라우저를 실행하고 주소창에 'bit.ly/배추씨앗'을 입력합니다.

2 엔트리 작품으로 이동하여 코딩을 하기 위해 [코드 보기]를 선택합니다.

3 인공지능(AI) 배추 생산량 예측하기 프로그램을 만드는데 필요한 오브젝트가 준비되어 있습니다. 오브젝트를 실행하기 위해 필요한 블록을 살펴봅시다.

4 예측을 위한 데이터를 가져오기 위해 [데이터 분석] 탭의 [테이블 불러오기]를 클릭합니다.

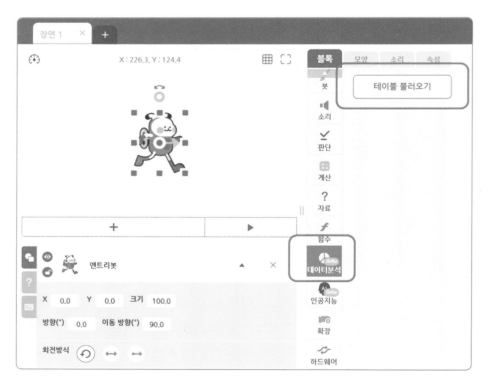

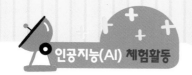

5 테이블 추가하기를 눌러 엔트리 예시 데이터 목록에 있는 '연도별 배추 생산량' 테이블을 추가합니다.

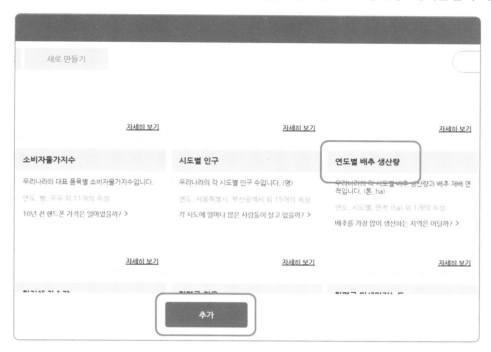

6 왼쪽 위 X 버튼을 누르면 데이터 테이블이 추가 되고 코딩 화면으로 돌아오게 됩니다.

7 입력한 데이터를 바탕으로 인공지능(AI) 모델을 학습할 것입니다. [인공지능] 탭에 [인공지능 모델 학습하기]를 클릭합니다.

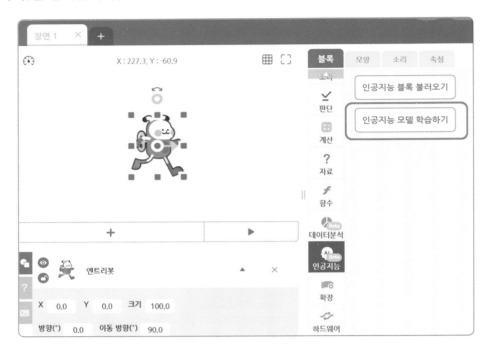

8 [새로 만들기]에서 '예측:숫자'를 클릭하고 [학습하기]를 눌러줍니다.

9 모델 제목을 설정하고 이전에 추가한 테이블을 불러옵니다.

10 테이블의 속성 중 핵심 속성과 예측 속성을 선택합니다. 재배 면적에 따른 배추 생산량을 예측하는 것이므로, 면적이 핵심 속성, 생산량이 예측 속성이 됩니다.

11 [모델 학습하기]를 선택하여 인공지능(AI)이 면적 데이터와 생산량 데이터를 이용하여 두 속성 사이의 경향성을 파악할 수 있도록 학습시킵니다.

12 [모델 학습하기]를 누르고, 학습한 결과를 확인합니다. 결과가 확인되었으면 [적용하기]를 눌러 인공지능(AI) 모델 학습을 완료합니다.

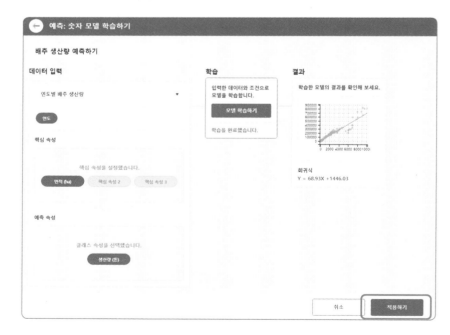

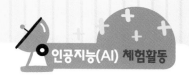

13 필요한 오브젝트를 추가합니다.

14 [시작하기] 버튼을 클릭했을 때, 재배 면적(ha)을 묻고 예측된 배추 생산량(톤)을 말하도록 엔트리 봇에 코딩합니다.

15 스페이스바를 눌렀을 때 결정계수와 모델차트 창을 확인할 수 있도록 엔트리봇에 코딩합니다.

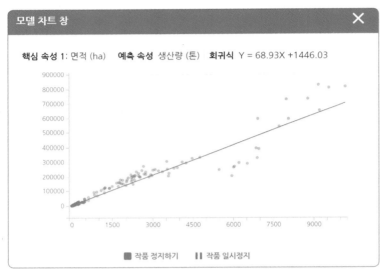

16 프로그램을 실행하여 결과를 확인해 봅시다.

인공지능(AI) 이해하기 결과를 예측해주는 인공지능(AI)

Q. 인공지능(AI)은 어떻게 면적에 따른 배추 생산량을 예측할 수 있을까요?

먼저 인공지능(AI)이 결과 값을 예측하기 위해서는 데이터가 필요합니다. 재배 면적에 따른 배추 생산량을 예측하기 위해서는 기존의 재배 면적과 그에 따른 배추 생산량 데이터들이 있어야 합니다. 좌표 평면위에 가로 축을 재배 면적으로, 세로축을 배추 생산량으로 설정하여 데이터를 나타내면 두 속성간의 관계 경향성을 파악할 수 있습니다. 인공지능(AI)은 이 과정을 통해 관계를 가장 잘 나타낼 수 있는 모델을 찾으며, 이 모델에 재배 면적을 입력하면 배추 생산량 값을 구할 수 있습니다.

이렇게 관련이 있는 속성들이 있을 때, 특정한 속성 값을 통해 다른 속성 값을 분석하는 것을 '회귀 분석'이라고 합니다. 또한 속성들의 관계 경향성이 직선으로 나타날 때, '선형 회귀' 관계에 있다고 합니다. 회귀분석으로 찾은 예측 모델의 적합도를 수치로 나타낸 것을 '결정 계수'라고 하는데, 결정 계수가 1에 가까울수록 회귀 모델 식의 적합도가 높습니다.

Q. 모든 경우에 회귀 분석으로 결과 값을 예측할 수 있을까요?

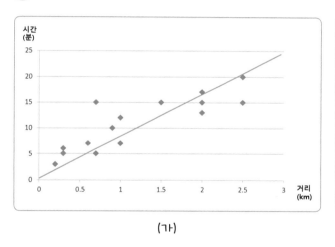

(가)

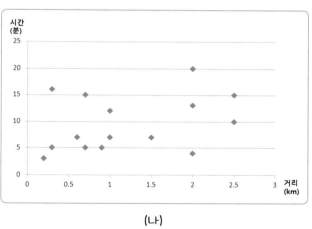

(나)

거리에 따른 걸린 시간에 대한 데이터가 (가), (나)와 같이 있을 때, (가)는 두 속성들의 관계 경향성을 위와 같이 직선으로 나타낼 수 있지만, (나)의 경우에는 뚜렷한 경향성을 찾아볼 수 없음을 알 수 있습니다.

이렇게 두 그룹의 데이터들 간의 관련성을 수치로 나타낸 것을 '상관계수'라고 하는데, 이 상관계수의 값이 1과 가까울수록 관련성이 높다고 할 수 있습니다. 보통 이 상관계수가 0.6이상이 될 때, 선형 회귀 분석을 하기에 용이하며 분석이 의미가 있습니다.

Q. 아래 그림은 재배 면적에 따른 배추 생산량의 데이터를 좌표 평면위에 나타낸 것입니다. 재배 면적과 배추 생산량 사이의 관계 경향성을 나타낼 수 있는 직선을 그어보세요.

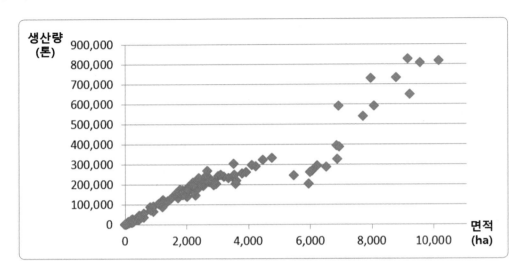

Q. 그은 직선을 통해 면적이 6000ha일 때, 배추 생산량은 약 몇 톤이 될지 예측해 봅시다.

Q. 만든 엔트리 프로그램에 6000ha를 입력하여 예측된 배추 생산량을 확인해 봅시다.

Q. 위와 같이 데이터들 간의 관계를 파악하여 특정한 속성 값을 통해 다른 속성 값을 분석하는 것을 무엇이라고 할까요? 이러한 분석은 언제 사용할 수 있을까요?

MEMO

인공지능(AI) 붓꽃 판별기 만들기

* 데이터를 입력하면 숫자 분류 모델을 활용해 붓꽃의 종류를 알려주는 인공지능(AI) 붓꽃 판별기를 만들어 봅시다.

인터넷에 연결된 컴퓨터	엔트리 ID
활용 사이트 – https://playentry.org	

Preview 이렇게 활동해 봅시다. ★

오늘의 인공지능(AI)

지도학습

분류: 숫자
테이블의 숫자 데이터를 가장 가까운 이웃(K개)을 기준으로 각각의 클래스로 분류하는 모델을 학습합니다.

엔트리의 모델 학습하기 중 [분류:숫자모델]은 숫자로 되어있는 데이터를 학습하여 새로운 데이터를 입력했을 때 그 데이터가 어디에 속하는지 분류하는 인공지능(AI) 모델입니다.

활동안내

활동시간 : 40분
관련교과 : 실과 생활과 소프트웨어

활동방법

＊ 지도학습 방법 중 숫자 데이터를 가장 가까운 이웃을 기준으로 분류하는 모델을 활용해 붓꽃의 종류를 알려주는 프로그램을 만들어 봅시다.

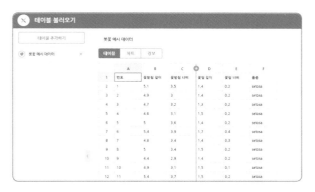

❶ 데이터 불러오기

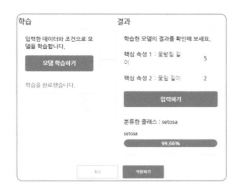

❷ 분류 모델 학습하기

❸ 프로그래밍하기

❹ 실행하기

2부, 인공지능(AI) 원리에서 배웠던 머신러닝(지도학습) 알고리즘 K최근접 이웃 알고리즘(KNN, K- Nearest Neighbor)을 기억하나요? K최근접 이웃 알고리즘은 입력한 데이터를 가장 가까운 속성에 따라 분류하는, 간단하지만 많은 곳에서 사용되는 알고리즘입니다. 우리는 어떤 맛을 좋아하는지 학습지에 표시하고 그 맛을 바탕으로 메뉴를 추천받아 보았습니다.

여러분은 꽃을 좋아하나요? 꽃은 아름답고 향기로우므로 매력적이기도 하지만, 같은 장미라도 그 안에 수많은 종류가 있어 알아가는 매력이 있습니다. 하지만 종류가 너무 많기 때문에 전문가가 아니면 꽃을 쉽게 구분하기 어렵습니다. 그런데, 기본적인 데이터만으로 꽃의 종류를 판단할 수 있는 인공지능(AI)을 만든다면 매우 유용하게 사용할 수 있지 않을까요?

이번 시간에는 우리 주변에서 볼 수 있는 붓꽃의 정보를 입력하면 종류를 알려주는 안공지능(AI) 붓꽃 판별기를 만들어 보겠습니다.

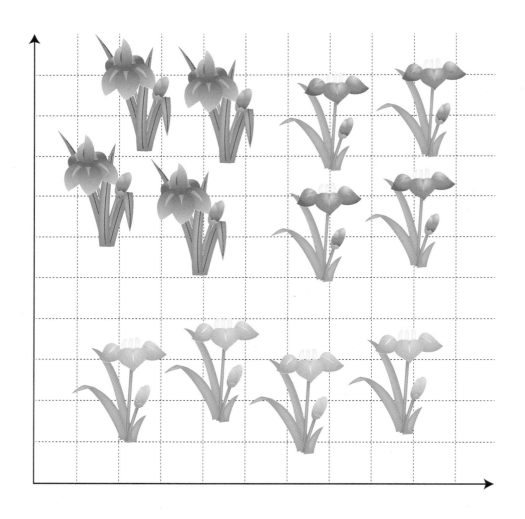

완성된 붓꽃 판별기 프로그램을 실행해봅시다.

붓꽃 KNN
상태: 준비

> 그 붓꽃의 이름은 버지니카

대답 10

꽃받침 길이 10

꽃잎 길이 10

완성 프로그램 : bit.ly/붓꽃판별기
씨앗 프로그램 : bit.ly/붓꽃씨앗

1. 프로그램을 실행하여 임의의 꽃받침 길이와 꽃잎 길이를 입력해 봅시다. 어떤 결과가 나오나요?
(0~8cm 사이의 값을 입력합니다)

2. 보기에 있는 꽃받침 길이와 꽃잎 길이를 입력하고 어떤 붓꽃인지 적어봅시다.

[보기]

꽃받침 길이 6 / 꽃잎 길이 4 → (   )

꽃받침 길이 7.7 / 꽃잎 길이 6.1 → (   )

꽃받침 길이 5 / 꽃잎 길이 1.4 → (   )

어떻게 만들까? ─ 인공지능(AI) 붓꽃 판별기 설계하기

1. 인공지능(AI) 계산대 프로그램의 실행과정을 생각해보기

프로그램 실행하기

데이터(꽃받침 길이) 입력하기

데이터(꽃잎 길이) 입력하기

붓꽃의 종류 말하기

2. 내 마음을 알아주는 챗봇 프로그램 설계하기

프로그램 실행

(   )를 물어보기

(   )를 대답으로 정하기

(   )를 물어보기

(   )를 대답으로 정하기

'그 붓꽃의 이름은' 말하기

꽃받침 길이와 꽃잎 길이의 (   ) 말하기

두 대답을 (   )

말하기

프로그램 종료

보기	꽃잎 길이 / 꽃받침 길이 / 합치기 / 분류 결과 / 분류 결과

인공지능(AI) 붓꽃 판별기 만들기

 크롬 브라우저를 실행하고 주소창에 'bit.ly/붓꽃씨앗'을 입력합니다.

2 엔트리 작품으로 이동하여 코딩을 하기 위해 [코드 보기]를 선택합니다.

3 데이터를 학습시키기 위해 인공지능(AI)을 선택한 후 [인공지능 모델 학습하기]를 클릭합니다.

4 KNN 모델을 활용하기 위해 '분류:숫자'를 선택한 후 [학습하기]를 클릭합니다.

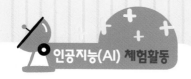
5 모델 이름을 입력하고, 앞에서 추가했던 붓꽃 예시 데이터를 선택합니다.

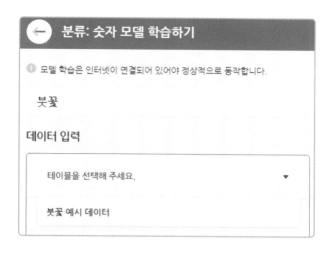

6 학습에 사용할 핵심 속성(꽃받침 길이, 꽃잎 길이)를 선택하고 분류하려는 속성을 품종으로 선택합니다. 입력한 꽃과 가장 가까이 있는 3개의 꽃과 비교하기 위해 이웃 개수(K)를 3으로 정합니다.

7 데이터를 학습시키기 위해 [모델 학습하기]를 선택합니다. 학습이 잘되었는지 확인해보기 위해 임의의 데이터를 입력시켜 봅니다. [적용하기]를 눌러 코딩 화면으로 돌아옵니다.

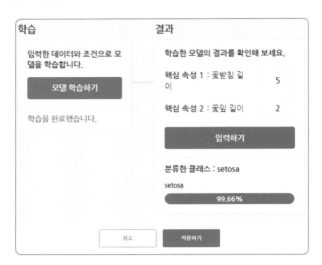

8 붓꽃의 꽃받침 길이와 꽃잎 길이를 입력하기 위해 각각의 변수를 만듭니다. 자료에서 [변수 만들기]를 선택합니다.

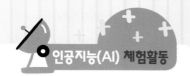

9 [변수 추가하기]를 선택한 후 꽃받침 길이와 꽃잎 길이 변수를 입력합니다.

10 [시작하기] 버튼을 클릭했을 때 꽃받침 길이와 꽃잎 길이를 차례로 입력하고, 각각의 대답을 모델에 사용할 수 있도록 다음과 같이 코딩합니다.

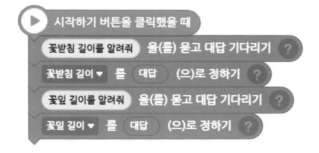

11 꽃받침 길이와 꽃잎 길이를 통해 입력한 붓꽃의 종류가 무엇인지 알려주도록 코딩합니다.

인공지능(AI) 이해하기 **지도학습 숫자 분류 모델 만들기**

Q. 숫자 분류 모델은 무엇일까요?

숫자 분류 모델은 우리가 앞서 배웠던 K최근접 이웃 알고리즘입니다. 이는 인공지능(AI)을 학습시키는 여러 가지 방법 중에서 지도학습에 해당하며 비슷한 특성을 가진 데이터는 같은 그룹에 속한다는 가정 하에 사용됩니다.

새로운 데이터를 입력하고 가장 가까운 이웃 데이터들을 찾으면 새로운 데이터가 어떤 특성을 가지는지 알 수 있습니다.

Q. 이웃 개수(K)는 왜 홀수여야 할까요?

K최근접 이웃 알고리즘은 데이터를 입력하고, 입력한 데이터에서 가장 가까운 이웃 데이터들을 기준으로 입력한 데이터를 분류합니다.

임의의 데이터를 입력하고 이웃 개수(K)를 홀수로 설정하면 더 많은 이웃이 무엇인지 판단할 수 있습니다. 하지만 짝수로 설정한다면 동률이 나올 수 있고, 이때는 추가로 가장 가까운 값이나 임의의 값을 따르도록 해야 합니다. 그러므로 이웃 개수(K)를 홀수로 정하는 것이 더 효과적입니다.

Q. 숫자 분류 모델을 학습한 인공지능(AI)이 더 똑똑해지기 위해서는 어떻게 해야 할까요?

숫자 분류 모델은 머신러닝의 한 종류인 지도학습 방법입니다. 인공지능(AI)이 더 똑똑해지기 위해서는 지금보다 더 많은 경험을 제공해주어야 합니다. 즉, 더 많은 데이터를 입력해야 합니다.

다양한 데이터를 많이 입력할수록 인공지능(AI)은 똑똑해지고 더욱 정확하게 붓꽃의 종류를 판단할 수 있게 됩니다.

Q. 숫자 분류 모델은 무엇일까요?

Q. 이웃 개수(K)는 왜 홀수여야 할까요?

Q. 숫자 분류 모델을 학습한 인공지능(AI)이 더 똑똑해지기 위해서는 어떻게 해야 할까요?

Section 20

인공지능(AI)으로 모둠 나누기

* 인공지능(AI)이 데이터에 따라 모둠을 나누는 프로그램을 만들어봅시다.

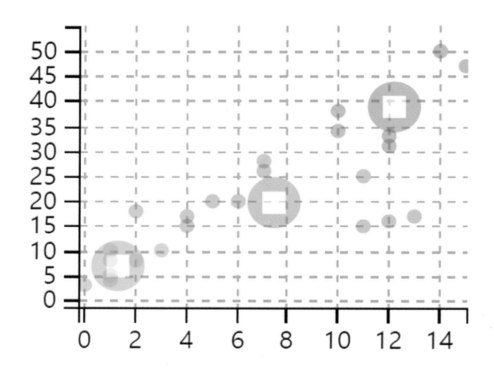

인터넷에 연결된 컴퓨터	엔트리 ID
활용 사이트 – https://playentry.org	

Preview 이렇게 활동해 봅시다. ★

오늘의 인공지능(AI)

비지도학습

군집: 숫자

엔트리의 모델 학습하기 중 [군집:숫자]는 비지도학습을 활용하여 숫자로 되어있는 데이터를 여러 개의 그룹으로 나누어주는 모델입니다.

활동안내

활동시간 : 40분

관련교과 : 창의적 체험활동

활동방법

* 데이터를 확인하고 비슷한 데이터끼리 그룹을 짓는 인공지능(AI) 프로그램을 만들어 봅시다.

❶ 프로그램 체험하기

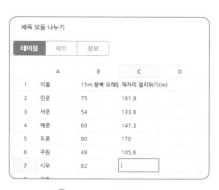

❷ 데이터 입력하기

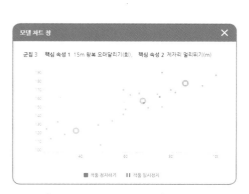

❸ 인공지능(AI) 모델 학습하기

❹ 프로그래밍 및 실행하기

다들 체육 활동 좋아하나요? 혹시 체육을 정말 좋아하지만, 친구들과의 실력 차이 때문에 힘들었던 적이 있나요? 나는 축구를 정말 잘하는데도 불구하고 단체 활동으로 기초 연습을 해야 한다거나, 나는 더 연습하고 싶은데 다른 친구들이 다음 단계로 넘어가는 바람에 연습이 부족했던 적이 있을 것이에요.

그래서 선생님은 학생들의 기초체력 측정 결과를 가지고 실력이 비슷한 학생들끼리 모둠을 나눈 후에 체육 수업을 하려고 합니다. 학생들의 기초체력 측정 결과가 다음과 같다면, 어떻게 모둠을 나눌 수 있을까요? 모둠은 2개~4개로 만들 수 있습니다.

이름	15m 왕복 오래달리기 (회)	제자리 멀리뛰기 (m)	모둠	이름	15m 왕복 오래달리기 (회)	제자리 멀리뛰기 (m)	모둠
민준	75	161.9		동현	68	155	
서준	54	133.8		현명	59	141.4	
예준	60	147.3		성민	70	149	
도윤	80	170		정훈	100	187	
주원	49	105.6		영수	25	124.5	
시우	82	167		영호	94	175	
지후	76	150.2		성훈	75	161.8	
지호	30	132.7		민재	59	170	
준서	76	190		원준	48	129	
하준	68	154.9		도윤	66	166	
현우	74	165		성준	62	164	
지훈	27	113		수연	33	118	

1. 몇 모둠으로 나눌 수 있나요? 모둠을 나누고 빈칸에 모둠 번호를 적어봅시다.

(   )모둠

2. 어떤 방법으로 모둠을 나누었나요?

데이터의 양이 많아질수록 그룹을 나누는 데 오랜 시간이 걸립니다. 지금부터 엔트리 모델 학습하기 중 [군집]을 통하여 그룹을 빠르게 나눠봅시다.

완성된 군집 프로그램을 실행해봅시다.

완성 프로그램 : bit.ly/모둠나누기
씨앗 프로그램 : bit.ly/모둠씨앗

1. 프로그램을 실행하여 모둠을 나눠봅시다. 몇 개의 모둠으로 나누었나요?

(   )개

2. 이 방법을 사용하여 모둠을 나누었을 때 좋은 점은 무엇일까요?

----

1. 군집 프로그램의 실행과정을 생각해보기

데이터 불러오기   묶음(군집) 수 정하기

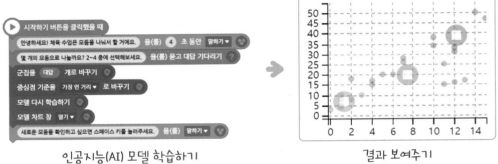

인공지능(AI) 모델 학습하기   결과 보여주기

2. 군집 프로그램을 설계하기

프로그램 실행
∨
시작을 클릭했을 때
∨
대답을 (   )로 정하기
∨
모델 학습하기
∨
모델 차트 창 열기
∨
(   )를 클릭했을 때
∨
(   ) 다시 학습하기
∨
모델 차트 창 열기
∨
프로그램 종료

보기	모델 / 군집 개수 / 스페이스 키

인공지능으로 모둠 만들기

1 크롬 브라우저를 실행하고 주소창에 'bit.ly/모둠씨앗'을 입력합니다.

2 엔트리 작품으로 이동하여 코딩을 하기 위해 [코드 보기]를 선택합니다.

3 인공지능(AI)으로 모둠 나누기에 필요한 오브젝트가 준비되어 있습니다. 오브젝트를 실행하기 위해 필요한 블록을 살펴봅시다.

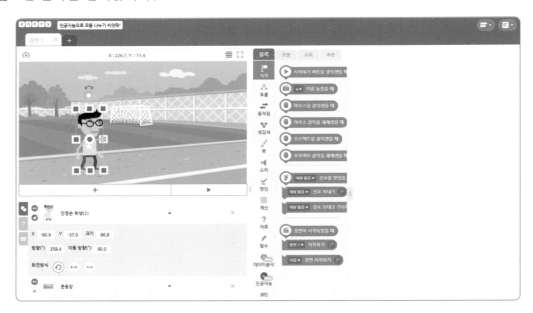

4 그룹을 나눌 데이터를 가져오기 위해 [데이터 분석] 탭의 [테이블 불러오기]를 클릭합니다.

5 앞서 '상황 제시'에서 본 친구들의 체력 측정 종목을 데이터로 입력합니다. 추가하고 싶은 데이터가 있다면 더 추가해도 괜찮습니다.

6 입력이 완료되었다면 [저장하기]를 누르고, 왼쪽 위 X 버튼을 눌러 코딩 화면으로 돌아옵니다. 이렇게 데이터 입력을 완료하였습니다.

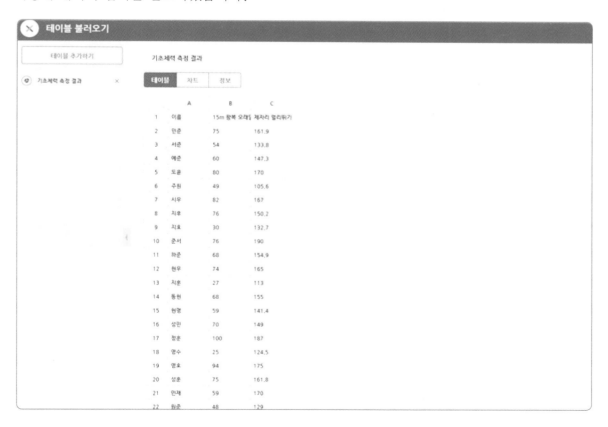

7 입력한 데이터를 바탕으로 인공지능(AI) 모델을 학습할 것입니다. [인공지능] 탭에 [인공지능 모델 학습하기]를 클릭합니다.

8 [새로 만들기]에서 '군집:숫자'를 클릭하고 [학습하기]를 눌러줍니다.

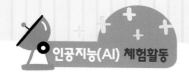

9 모델 제목을 설정하고 아까 입력한 테이블을 불러옵니다.

> ⓘ 모델 학습은 인터넷이 연결되어 있어야 정상적으로 동작합니다.
>
> **체육 모둠 나누기**
>
> | 데이터 입력 | 학습 |
> |---|---|
> | 테이블을 선택해 주세요. ▼ | 입력한 데이터와 조건으로 모델을 학습합니다. |
> | 체육 모둠 나누기 | |
> | **핵심 속성** | 모델 학습하기 |
> | 여기에 속성을 끌어다 놓을 수 있습니다. | 데이터를 먼저 입력해 주세요. |
> | 핵심 속성 1 핵심 속성 2 핵심 속성 3 | |

10 테이블에서 중요하다고 생각되는 핵심 속성 2개를 밑으로 끌어다 놓습니다. 엔트리에서는 3개까지 핵심 속성을 설정할 수 있지만, 모델 결과 확인에는 2개가 편리합니다.

> **데이터 입력**
>
> 체육 모둠 나누기 ▼
>
> 제자리 멀리뛰기(m)
>
> **핵심 속성**
>
> 제자리 멀리뛰기(m)
>
> 핵심 속성을 설정했습니다.
>
> 15m 왕복 오래… 핵심 속성 2 핵심 속성 3

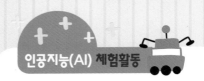

11 군집 개수는 나누고 싶은 모둠의 수입니다. 군집 개수를 설정하고 중심점 기준을 '가장 먼 거리'로 설정합니다. 중심점은 모둠을 나눌 때 중심이 되는 점입니다. '가장 먼 거리'로 설정하면 데이터들 중 가장 먼 거리에 있는 데이터가 중심점이 된 후, 인공지능(AI)이 중심점을 적절한 위치로 이동시키며 모둠을 조정합니다. 군집 개수, 중심점 기준은 코딩을 통해 변경 가능합니다.

12 [모델 학습하기]를 누르고, 학습한 결과를 확인합니다. 결과가 확인되었으면 [적용하기]를 눌러 인공지능(AI) 모델 학습을 완료합니다.

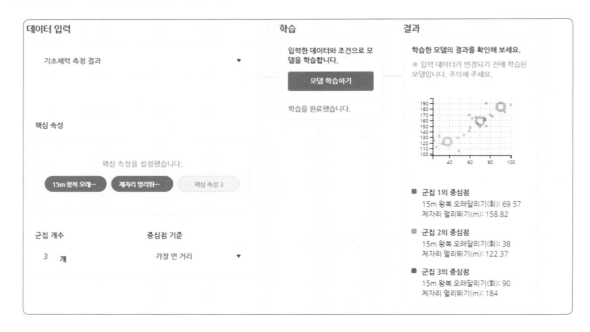

13 엔트리 봇 오브젝트에 프로그램을 실행했을 때, 그룹을 나누고 결과를 보여주기 위한 블록을 코딩합니다.

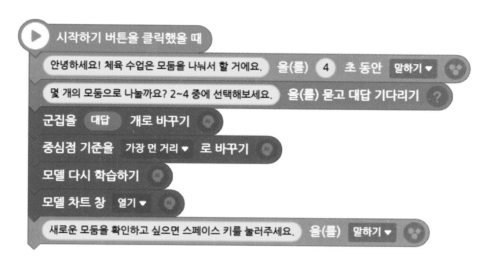

14 스페이스 키를 눌렀을 때, 모델을 다시 학습하여 결과를 보여줄 수 있도록 코딩합니다.

15 프로그램을 실행하여 군집 프로그램이 바르게 작동하는지 확인합니다.

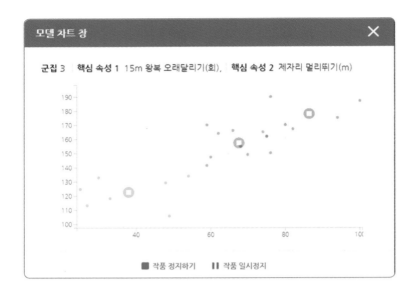

16 데이터를 수정하고 싶다면, [데이터 분석] 탭의 [테이블 불러오기]를 클릭하여 수정할 수 있습니다. 행과 열 제목의 가로줄, 세로줄 사이에 마우스를 가져가면 행과 열을 추가할 수 있습니다.

Q. '군집'이란 무엇일까요?

비지도학습에서 특징이 비슷한 데이터끼리 묶는 작업을 군집이라고 합니다. 데이터 사이의 비슷한 정도를 파악하는 것은 데이터 사이의 거리를 활용하여 측정할 수 있습니다. 데이터 간 거리가 가까울수록 특징이 비슷하다고 할 수 있습니다.

Q. 인공지능(AI) 학습에서 군집과 분류의 차이점은 무엇일까요?

군집은 정답이 정해져 있지 않은 상태로 특징이 비슷한 데이터끼리 묶는 작업입니다. 이에 비해 분류는 어떻게 나누어야하는지 정답이 정해져있고, 그 기준에 따라 데이터를 선별하는 것입니다.
예를 들어, 키가 다른 사람 여러 명이 있다고 생각해봅시다. "키가 비슷한 사람끼리 모여서 3모둠을 만드세요." 라고 한다면 이것은 군집입니다. "키가 175cm 이상인 사람, 키가 160cm~175cm인 사람, 키가 160cm 미만인 사람끼리 모이세요."라고 한다면 이것은 분류입니다.

Q. 모델을 다시 학습할 때마다 모둠이 다르게 묶이는 까닭은 무엇일까요?

엔트리 프로그램에서 군집을 하는 방법은, 기준점을 그룹 수만큼 정하여 기준점으로부터 가장 가까운 것끼리 묶어서 그룹을 나누는 것입니다. 엔트리에서는 이 기준점을 정하는 방법이 11번에서 설명하는 '중심점 기준'에 있습니다. 모델을 학습할 때, 항상 같은 중심점을 기준으로 하는 것이 아니기 때문에 모델을 다시 학습할 때마다 그룹이 다르게 묶이는 것입니다.
실제로 비지도학습에서 그룹을 묶는 방법으로는 여러 가지가 있고, 방법에 따라 결과가 다르게 나타납니다. 상황에 따라 알맞은 방법을 활용하여 원하는 결과를 선택하면 됩니다.

인공지능(AI) ★
Level up 인공지능(AI)으로 모둠 만들기

Q. '군집'이란 무엇일까요?

Q. 인공지능(AI) 학습에서 군집과 분류의 차이점은 무엇일까요?

Q. 군집을 어떤 상황에서 사용할 수 있을까요? 자유롭게 생각해봅시다.

2021년 3월 20일 초판 인쇄
2021년 3월 25일 초판 발행

펴 낸 이 | 김정철
펴 낸 곳 | 아티오
지 은 이 | 대구컴퓨팅교사연구회(CASD)
　　　　　　 이정서, 배국환, 김동현, 김진수, 전재천, 전용욱, 장준혁, 정현재, 박홍렬, 박재언, 이수정, 양태규
디 자 인 | 김지영
전　　화 | 031-983-4092
팩　　스 | 031-983-4093
등　　록 | 2013년 2월 22일
정　　가 | 18,000원
홈페이지 | http://www.atio.co.kr

부록

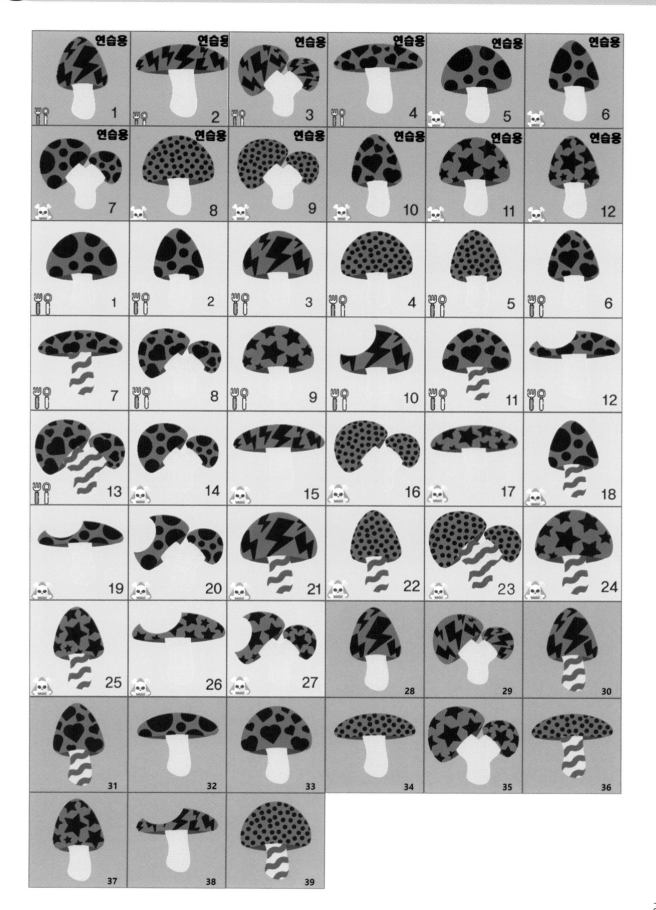

가위로 잘라 이용하세요.

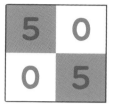

| 5 | 0 |
| 0 | 5 |

| 0 | 5 |
| 5 | 0 |

| 5 | 5 |
| 0 | 0 |

| 5 | 0 |
| 5 | 0 |

| 5 | 0 |
| 0 | 5 |

| 0 | 5 |
| 5 | 0 |

| 5 | 5 |
| 0 | 0 |

| 5 | 0 |
| 5 | 0 |

천원

천 원

1000

1000

1000

은돼
행지

돼지
은행

은돼
행지

돼지
은행

12A 34B

A1B C2D

1AB 2CD

A12 B34

AB1 CD2

라운드	사용한 발자국 토큰의 개수
1	
2	
3	
4	
5	
6	
7	

라운드	사용한 발자국 토큰의 개수
1	
2	
3	
4	
5	
6	
7	

게임 판

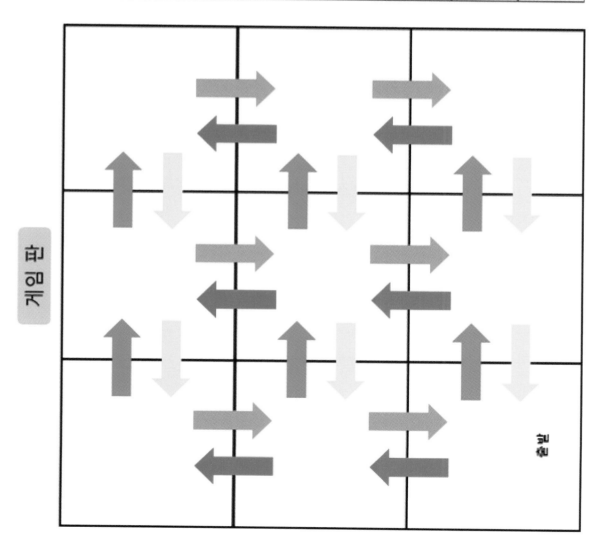

출발

게임 토큰

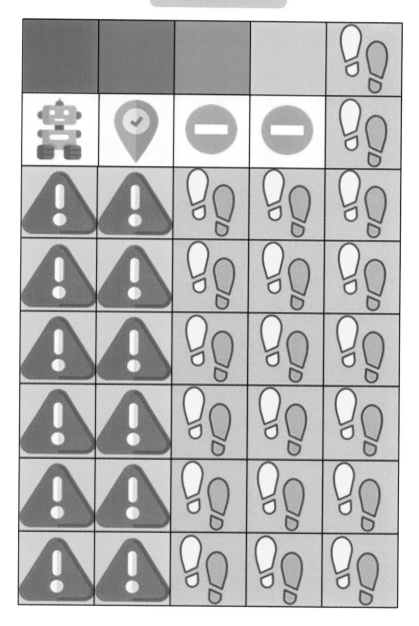